KB059938

오늘 몇 번의 동의를 구했나요?

오늘 몇 번의 동의를 구했나요?

건강한 관계를 위한
경계 존중 수업

오승현 지음

사□계절

머리말

악어가 사람이 되려면

옷장 앞에서 '오늘은 뭘 입고 나갈까'를 고민한 적이 있나요? 그럴 때 참고할 수 있는 원칙이 있어요. 언제, 어떤 자리, 어느 상황에서 입을 옷인지 생각하고 옷을 고르는 TPO(Time, Place, Occasion) 원칙이에요. 즉, 때와 상황에 맞는 옷을 선택하는 거예요. 양복을 걸치고 수영장에 갈 순 없고, 수영복을 입고 장례식장에 갈 순 없어요.

말에도 TPO가 필요해요. 친구들끼리 장난스럽게 주고받는 거친 말과 농담을 부모님께 할 순 없겠죠. 거친 말과 농담이 상대의 경계를 침범할 수 있다면 친구들 사이에서도 삼가야 하고요. 우리는 말을 제대로 배워 본 적이 없는 게 아닐까요? 어떤 말(과 행동)이 상대의 경계를 침범하는지, 어떤 상황에서 어떻게 동의를 구해야 하는지 잘 모르거든요. 어떤 의미에서 정신적 유아 단계에 머물러 있는지도 몰라요.

『악어 프로젝트』라는 책이 있어요. 일상에서 여성이 겪는 온갖 성폭력 사례를 만화로 그려 낸 책이에요. 그 책에서 남성은 여성을 사냥감으로만 여기는 악어로 등장해요. 책의 서문에서 작가는 집필 의도가 모든 남성을 적으로 만들려는 것이 아니라고 강조해요. 남성이 여성에게 접근하는 모든 시도를 성폭력으로 보는 것도 아니라고 해요. 다만 책에 나온 사례들은 상대가 싫어하고 거부하는데도 제멋대로 행동했기 때문에 폭력이에요. "싫으니 그만하라"라고 했을 때 바로 그만두면 문제가 되지 않죠.

책에서 남성은 시종일관 악어였어요. 하지만 마지막 페이지에서 악어가 "난 이 악어 차림이 별로 마음에 안 들어"라고 말해요. 그러면서 악어 복장을 벗기 시작해요. 그런데 지퍼를 내리다 중간쯤에서 걸리고 말아요. 그때 누군가의 손길이 쓱 나와서 "기다려. 내가 도와줄게"라고 말해요. 악어가 사람이 되려면 어떤 도움이 필요할까요?

경계를 존중하고 동의를 구하는 법을 알려 주면 됩니다. 동의 구하기는 성관계에서 중요한 태도이지만, 성에만 국한되는 건 아니에요. 내 행동이 상대의 경계를 침범해 상대에게 영향을 주거나 불쾌감을 줄 수 있다면 그 행동을 하기 전에 상대의 동의를 받아야 합니다. 동의를 얻는 습관이 몸에 밸 때 악어는 사람이 될 수 있어요. 우리는 악어로 태어난 것이 아니라 악어로 자란답니다. 악어이길 멈추고 사람이 되면 돼요. 선택은 우리가 하는 거예요.

누구나 남의 말을 듣는 것보다 내 말을 하기 좋아해요. 그러나 상대의 말을 들어야 해요. 어떤 행동을 하기 전에 상대의 의사를, 즉 상대의 동의를 확인하는 게 먼저예요. 작가 헤밍웨이는 "Before you act, listen"이라고 말했어요. 행동하기 전에 (상대의 말을) 들으라는 뜻이에요. 동의의 관점에서 저 말을 "Before you act, ask"로 바꿀 수 있겠습니다. 행동하기 전에 상대의 뜻부터 물어야 해요.

왜 우리는 경계 존중과 동의 구하기에 서툴까요? 육아 예능 〈슈퍼맨이 돌아왔다〉에서 윌리엄은 펭수에게 다가가 "진짜 펭수야? 나 만져 봐도 돼?"라고 물어봤어요. 나은이도 길에서 강아지를 만났을 때 "만져 봐도 돼요?"라고 물었어요. 아마도 집에서 그런 교육을 받았을 것 같아요. 또, 평소에 부모님이 아이한테 동의를 잘 구했을 테고요.

내 자식이라도 아이의 경계를 존중하고 동의 여부를 물어야 해요. 자녀는 부모님의 소유물이 아니라 엄연한 인격체이니까요. "함께 서 있으라, 하나 너무 가까이 서 있지는 말라." 시인 칼릴 지브란이 『예언자』에서 한 말입니다. 칼릴 지브란은 사원의 기둥들이 떨어져 있듯이 떨어져 있으라고 말해요. 나무들도 서로 떨어져 있어요. 붙어 있으면 서로의 그늘 속에서 자랄 수 없거든요. 자녀도 마찬가지예요.

동의를 구하고 받는 것은 평등한 관계를 전제해요. 평등하지 않다면 동의는 생략되겠죠. 예컨대 권력관계에서 강자 혹은 윗사람은 약자 혹은 아랫사람보다 상대적으로 동의를 구하지 않는 편이에요. 일방적으로 통보하거나("나 ○○한다") 통보조차 없이 그냥 행동하는 편이 여전히 많아요. 이것은 강자의 횡포이자 갑질이에요. 이렇게 동의를 구하지 않는 사회에서는 민주주의가 꽃피기 어려워요. 상대의 의사를 무시하는데, 어떻게 민주적인 의사 결정이 이루어지겠어요. 따라서 동의 구하기와 민주주의는 깊은 관련을 맺고 있어요.

우리가 하는 말과 행동이 건강한 관계의 기반이 되고 세상을 바꿉니다. 임상 심리학자 마셜 B. 로젠버그의 『비폭력 대화』에 이런 문장이 나와요. 간디의 손자 아룬 간디가 한 말인데요. "이 세상은 우리가 만들어 놓은 것이다. 오늘날 이 세상이 무자비하다면, 그것은 우리의 무자비한 태도와 행동이 그렇게 만든 것이다. 그러므로 우리 자신이 변하면 우리는 이 세상을 바꿀 수 있다. 우리 자신을 바꾸는 것은 우리가 매일 쓰는 언어와 대화 방식을 바꾸는 데서 시작한다." 내 언어를 바꾸면 나 자신을 바꿀 수 있고, 나를 바꾸면 세상도 바꿀 수 있어요.

4장 관계별 경계 존중과 동의 구하기

 경계 존중

사람들 사이에 선이 있다

보이는 선과 보이지 않는 선

여러 개의 소변기가 나란히 설치된 남자 화장실에서 누군가 출입문에서 두 번째로 가까운 소변기를 사용한다면, 다음에 들어오는 사람은 몇 번째 소변기를 사용할까요? 생리적 욕구만 따진다면 출입문에서 가장 가까운 첫 번째 소변기를 사용할 테죠. 그러나 실제로는 두 번째 소변기에서 떨어진 네 번째나 다섯 번째 소변기를 사용할 가능성이 높아요. 소변이 급해도 대개 그렇지요. 어떤 심리적 요인이 생리적 욕구를 거스르는 결정을 하게 만든 거예요.

지하철 좌석에서도 비슷한 심리를 살펴볼 수 있어요. 지하철 좌석에 아무도 앉아 있지 않다고 해 봐요. 첫 번째 사람은 어디에 앉을까요? 팔걸이가 있는 양쪽 가장자리 중 한 곳에 먼저 앉아요. 두 번째 사람은 첫 번째 사람이 앉은 반대편 가장자리에 앉을 거예요. 팔걸이가 있으면 그쪽으로는 다른 사람과 몸이 닿을 염려가 없어서 심리적 안정감을 주거든요. 세 번째 사람은 그 중간에 앉아요. 그렇게 앉음으로써 서로 간에 일정한 거리를 유지하는 거예요.

화장실과 지하철에서 볼 수 있는 이런 행동은 나의 개인 공간을 확보하고 남의 개인 공간을 존중하려는 심리의 결과예요. 그런 심리가 보이지 않는 선(線, line)을 만들어 내요. 우리 눈에 보이지 않지만, 서로 일정한 거리를 유지하게 하는 선이에요. 이러한 선에는 한계라는 뜻이 담겨 있어요. 흔히 '한계선'이라고 말하잖아요? 그어진 그 선까지만 타인의 접근이 허용된다는 뜻이죠. 타인이 나의 동의 없이 가까이 다가올 수 있는 최대치이자 나 자신을 지키는 안전선이에요.

세상은 선과 담으로 가득해요. 선과 담은 서로의 영역과 권리를 구분하고 보호한답니다. 그러나 담에는 문이 있어요. 즉, 사람들이 그 문을 통해 서로의 영역을 드나들며 교류하고 소통할 수 있다는 뜻입니다. 이때 그 문을 열기 위해서는 반드시 필요한 게 있어요. 바로 '동의'랍니다. 상대가 그어 놓은 선과 담 안으로 들어가려면 상대의 동의가 필요해요. 동의가 이뤄지면 문이 열리듯이 그 안으로 들어갈 수 있어요.

너와 나의 거리

유은실 작가의 『2미터 그리고 48시간』이라는 소설이 있어요. 희귀병을 앓는 주인공이 방사성 요오드 치료를 받은 후 주변 사람이 방사능에 피폭될까 봐 48시간 동안 모든 사람과 2미터 이상 거리를 벌리는 내용이 나와요. 주인공은 길에서 사람들과 일정한 거리를 유지하기 위해 이리 뛰고 저리 뛰어요. 숨이 차면 뒷사람을 신경 쓰지 않아도 되는 벽이나 기둥에 기대어 쉬죠. 사람들을 피해 다니는 게 생각 이상으로 힘들자 "반경 2미터에 붉은색 레이저 빔이 표시되고, '접근 금지, 붉은 선 안으로 들어오면 피폭될 수 있음' 하고 안내 방송이 나오는 상상"[1]까지 해요. 눈곱만큼도 남들에게 피해를 주기 싫은 주인공의 행동이 안쓰럽게 느껴집니다.

소설이 출간된 2018년에 안전을 위한 2미터 거리두기는 다소 낯선 설정이었어요. 그런데 코로나19를 경험하면서 2미터 거리두기는 익숙한 개념이 됐어요. 코로나19가 퍼지면서 사

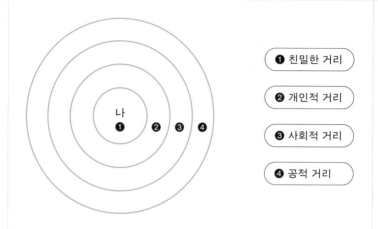

에드워드 홀의 인간관계 거리

회적 거리두기가 시행됐지요. 사람 사이에 2미터마다 보이지 않는 선이 그어졌어요. 바이러스 전염을 막고 서로를 지키기 위한 최소한의 거리였어요. 일종의 경계예요. 코로나19 감염자가 급속도로 늘어났을 때 서로의 거리를 깐깐하게 유지해 경계를 지켰지요. 이처럼 건강한 신체를 위해서는 거리가 필요해요. 나아가 건강한 인간관계를 위해서도 거리가 중요합니다.

문화 인류학자 에드워드 홀은 『숨겨진 차원』에서 네 종류의 인간관계 거리를 제시했어요. 우선 원 한가운데에 '나'가 있어요. 나를 중심으로 친소(親疏, 친함과 친하지 아니함) 정도에 따라 경계의 수준(물리적 거리, 신체적 접촉 등)이 달라져요.

친밀한 거리는 0~46센티미터로 가족이나 연인 사이의 거리를 가리켜요. 체온과 체취를 느낄 수 있는 거리로서 사랑을 나누고 맞붙어 싸우고 위로해 주는 등의 행위가 일어나는 거리예요. 개인적 거리는 46센티미터~1.2미터로 친구나 가까운 사람 사이의 거리예요. 상대방을 만지거나 잡을 수 있는, 즉 손발이 닿는 거리예요. 사회적 거리는 1.2미터~3.6미터로 사회생활에서 유지하는 거리예요. 상대방과 직접 닿지 않는 거리지요. 악수 정도를 하고 그 뒤로는 신체 접촉이 거의 없어요. 사교 모임에서 취하는 가장 일반적인 거리예요. 공적 거리는 3.6미터 이상으로 강연이나 행사 등이 이루어지는 거리예요. 상대방 얼굴의 점이나 기미 등이 자세히 보이지 않는 거리로서 상당히 멀어요.

홀은 미국 북동부의 백인 중산층을 표본으로 인간관계의 네 가지 거리를 정의했어요. 문화에 따라 다소 차이가 있을 수 있다는 뜻이에요. 예를 들어 라틴 아메리카에서는 상호 작용의 거리가 미국보다 훨씬 가까워요. 그래서 라틴 아메리카인과 미국인이 대화할 때 한 사람은 다가가는데 다른 사람은 물러나는 장면을 종종 볼 수 있어요.[2] 또 같은 문화권 안에서도 상황에 따라, 개인마다 조금씩 다르기도 하고요. 붐비는 지하철 안에서는 몸이 닿을 수밖에 없죠. 그 점을 염두에 두고 홀의 네 가지 거리를 이해할 필요가 있어요.

내 경계는 내가 정해

어디까지 경계선을 그을지, 누구에게 얼마만큼 허락할지 등은 다른 누군가가 아닌 바로 나 자신이 결정해요. 자기 삶과 운명에 대한 선택이나 결정을 스스로 하는 거예요. 이를 '자기 결정권'이라고 불러요. 어떤 행동을 할지 스스로 정하는 자유라는 점에서 '행동 자유권'이라고도 해요. 자기 결정권은 헌법 제10조 "모든 국민은 인간으로서의 존엄과 가치를 가지며, 행복을 추구할 권리를 가진다"가 보장하는 행복 추구권에서 파생되는 권리예요. 사람은 자기 삶을 자기 의지대로 꾸려 나갈 때 행복을 추구할 수 있어요.

자기 결정권은 나의 운명, 내 몸에 일어날 일, 내가 하는 행동, 내 몸과 접촉할 수 있는 사람과 방식 등을 스스로 결정하는 권리예요. 삶의 다양한 영역, 곧 가족 구성(결혼·비혼·동거·임신·임신중지 등), 생명과 신체의 처분(치료·자살·연명 치료·장기 이식 등), 생활 방식(옷·헤어스타일·취미·흡연·음주 등), 성적 행동(성생활·성적 지향 등)에 광범위하게 적용돼요. 쉽게 말해, 결혼을 할지, 치료를 받을지, 무엇을 입고 무엇을 먹을지, 누구와 언제 어떻게 성관계를 할지 등을 스스로 결정하는 거예요. 내 몸은 오직 나의 것이니까요.

우리는 자기 결정권을 온전히 누리고 있을까요? 학교에서 벌어지는 일들을 생각해 보세요. 학교에서는 학생들의 복장이나 머리 등을 통제해요. 머리만 해도 길이, 모양, 색깔 등 다양한 방식으로 제재를 가해요. 또, 등교하면 휴대폰을 수거하고 종종 소지품을 검사해요. 이 모든 일을 학생이라는 이유로 참아야 하죠. 대한민국은 민주주의 사회고, 민주주의를 뒷받침하는 헌법은 '신체의 자유'를 보장하고 있어요. '신체의 자유'는 나이나 신분 등에 따라 달라지는 권리가 아니에요. 헌법 어디에도 학생의 의무 같은 건 없어요. 즉, 옷이나 머리에 대한 규제는 헌법이 보장하는 시민의 자유에 어긋나요.

누구나 성관계·연애·결혼 등을 할지 말지, 한다면 언제 어디서 누구와 어떻게 할지 스스로 결정할 수 있어요. 타인이나 사회의 간섭과 강요 없이 당연히 자기 삶의 주체로서 말이에요. 이 부분만 따로 떼어서 '성적 자기 결정권'이라고 해요. 헌법재판소도 "개인의 인격권·행복 추구권에는 개인의 자기 운명 결정권이 전제되는 것이고, 이 자기 운명 결정권에는 성행위 여부 및 그 상대방을 결정할 수 있는 성적 자기 결정권이

또한 포함"[3]된다며 성적 자기 결정권을 인정하고 있어요.

성적 자기 결정권은 두 축으로 구성돼요. 첫째로, 원하지 않는 성적 행위를 분명하게 거부하고 저항할 수 있는 소극적 자유가 있어요. 여기에는 상대방의 말이나 행동 때문에 성적 모욕감이나 불쾌감을 느낀 경우 이에 대해 확실히 반대 의사를 표현하는 것이 포함돼요. 둘째로, 자신의 성적 욕망을 자유롭게 실현하는 적극적 자유가 있어요. 소극적 자유를 위해서는 원하지 않는 행위를 당당히 거부할 수 있어야 하고, 적극적 자유를 위해서는 나의 욕망을 알고 이를 떳떳이 밝힐 수 있어야 해요. 스킨십에 대해 상대와 자유롭게 의견을 나누고 서로의 의사를 존중해야 해요.

성적 자기 결정권은 몇 살부터 인정받을 수 있을까요? 선거 가능 연령(한국의 경우 만 18세)처럼 법적으로 정해진 기준은 없어요. 자신의 주인은 처음부터 자기니까요. 인간의 기본 인권이므로 나이에 따라 있다가 없다가 할 수는 없겠지요. 청소년도 다른 청소년 이성 친구를 사귀게 되면 스킨십을 할 수 있어요. 어디까지 가능하다는 정답은 없어요. 두 사람이 서로 동의한 것, 서로가 책임질 수 있는 것까지 하면 돼요. 청소년의 스킨십을 부추기는 게 아니라 법적으로 제재할 방법이 없다는 사실을 말하는 거예요. 권리이기 때문이에요.

청소년에게 성적 자기 결정권을 가르치면 이른 나이에 성행위를 하게 된다고 오해하는 어른들이 있어요. 권리를 아는 것과 그것을 적극적으로 행사하는 것은 다른 문제예요. 성적 자기 결정권을 알게 된다고 없던 성욕이 갑자기 생기거나 성행위를 무분별하게 하게 되는 건 아니에요. 반대로 성적 자기 결정권의 개념을 모른다고 성행위를 안 하는 것도 아니에요. 중요한 것은 성적 자기 결정권을 행사하는 게 잘못이 아니라는 점이에요.

경계는
어디에나 있다

모든 관계에 경계가 있다

애니메이션 〈도라에몽〉에는 '어디로든 문'이 나와요. '어디로든 문'은 생각을 현실로 만들어 주는 통로예요. 남자 주인공 진구는 '어디로든 문' 앞에서 가고 싶은 곳을 말하거나 생각하고 문을 열기만 하면 원하는 곳 어디에나 갈 수 있어요. 문손잡이에 생각을 읽는 센서가 달려 있어서 "늘 가는 공터"라고 말하면 진구네 집 근처에 있는 공터로 이동하고, "어디든 좋으니까 멀리"라고 말하면 적당히 먼 곳으로 순간 이동해요.

'어디로든 문'이 선을 넘을 때가 있어요. 진구가 이슬이네 집에 가고 싶다고 생각하면 이슬이네 집 욕실로 데려다줘요. '어디로든 문'으로 도망칠 때 항상 도착하는 곳도 이슬이가 목욕 중인 욕실이에요. 원작 만화책에는 더 심한 장면이 많이 나와요. 진구가 이슬이의 치마를 들치고 이슬이네 집에 팬티를 벗어 두고 나오고 이슬이가 목욕하는 모습을 몰래 훔쳐봐요. 심지어 같이 목욕하자는 둥, 같이 아기를 만들자는 둥 진구의 말과 행동이 가관이 아니에요.

원작자는 친구 사이의 장난으로 그런 장면을 끼워 넣었을 거예요. 문제는 진구의 행동이 장난이 아니라 폭력 수준의 경계 침범이라는 거예요. 욕실이나 화장실은 아주 내밀한 공간이에요. 다른 사람이 있을 때는 가족끼리도 함부로 들어가지 않는 곳이죠. 그런데 〈도라에몽〉은 장난이라는 미명 아래 그런 곳을 불쑥불쑥 들어갑니다. 진구는 아무런 문제의식 없이 그런 행동을 반복해요. 사람 사이에 분명한 경계가 있고 경계를 넘을 때는 동의를 받아야 한다는 사실을 〈도라에몽〉은 너무 쉽게 무시해요.

경계의 종류

눈에 보이든 보이지 않든, 의식을 하든 하지 못하든, 우리는 자기 경계를 지키기 위해 쉴 새 없이 움직여요. 개인 공간의 침범을 막기 위해 사람들은 주변에 자기 물건을 두어서 영역을 표시해요. 마치 동물들의 영역 표시처럼요. 소리를 차단하려고 이어폰을 끼거나 냄새를 막으려고 마스크를 쓰기도 해요. 시선을 차단하려고 선글라스도 착용하죠. 이 모든 것은 나의 경계를 보호하려는 조치예요.

경계는 크게 물리적 경계와 심리적 경계로 나눌 수 있어요. 물리적 경계는 신체적 경계, 공간적 경계, 소유의 경계 등으로, 심리적 경계는 언어적·정서적 경계, 사생활의 경계 등으로 나눌 수 있어요.[4]

· 물리적 경계: 신체적 경계, 공간적 경계, 소유의 경계
· 심리적 경계: 언어적·정서적 경계, 사생활의 경계

사적인 영역이 침범되었다고 느끼는 순서는 피부가 닿을 때, 신체 접촉은 없지만 체온이나 숨결(입김·콧김)이 느껴질 때, 옷이나 자기 물건을 누가 만질 때, 냄새가 풍길 때, 소리가 들릴 때, 시선이 느껴질 때 순이에요. 가장 직접적인 게 피부가 닿는 신체적 경계라는 걸 알 수 있어요. 입김·콧김이 닿는 가까운 거리는 공간적 경계와 관련돼요.

신체적 경계는 모든 경계의 기초로, 몸을 둘러싼 경계예요. 몸은 나 자신이에요. 그런 의미에서 신체적 경계는 가장 중요한 경계예요. 우리 각자의 몸 전체가 침범해서는 안 되는 대상이에요. 다르게 표현하면, 신체 접촉에 앞서 항상 동의를 구해야 해요. 특히 성기나 가슴, 엉덩이처럼 타인에게 노출되지 않는 비밀스럽고 민감한 신체 부위는 더욱 조심해야 해요.

공간적 경계는 내 방, 내 집처럼 사적인 공간을 둘러싼 경계예요. 물론 공간적 경계선이 분명한 경우만 있는 건 아니에요. 앞서 에드워드 홀의 거리 유형에서 보았듯 사회적 거리도 공간적 경계와 관련돼요. 누군가와 대화하다가 상대가 너무 가까이 다가오면 뒤로 물러나요. 개인 공간을 확보하는 동시에 공간적 경계를 넘어왔다는 사실을 비언어적 메시지로 전달하기 위해서예요. 이때의 공간적 경계는 신체를 중심에 놓고 동심원처럼 퍼지는 경계라고 할 수 있어요. 에드워드 홀의 인간관계 거리는 주로 공간적 경계와 관련돼요.

소유의 경계는 소유물과 관련된 경계예요. 눈에 보이고 손에 잡히는 물건이 대표적이에요. 그런데 시대가 변하고 미디어가 발전하면서 저작권, 초상권 등 손에 잡히지 않는 권리들도 중요해지고 있어요. 소유권의 울타리, 즉 소유의 경계가 넓어지고 있는 거예요.

신체적 경계와 공간적 경계 등 물리적 경계가 모든 경계의 기초이고 중요하지만, 갈수록 심리적 경계의 중요성이 커지고 있어요. 이는 매체의 발달과 밀접히 관련돼요. SNS·인터넷 사용이 늘어나면서 사생활의 경계가 중요해지고 있고, 스토킹이나 데이트 폭력 등 범죄가 증가하면서 언어적·정서적 경계 역시 주목받고 있어요. 물론 SNS·인터넷 사용 문제가 언어적·정서적 경계 침범으로 이어지기도 하고, 스토킹이나 데이트 폭력 등이 사생활의 경계 침범으로 이어지기도 해요.

또한, 사생활의 경계가 물리적 경계와 완전히 구분되는 것도 아니에요. 가령 남의 집에 허락 없이 들어간다면 사생활의 경계이자 공간적 경계를 침범한 거예요. 하지만 이 책에서는 편의상 사생활의 경계에서 물리적 경계는 배제하고 겹치지 않는 부분 위주로 접근할 거예요.

관계에 따른 경계

사람과 사람이 맺는 관계는 친밀함의 정도에 따라 친밀한 관계, 건조한 관계, 모르는 관계 등으로 나눌 수 있어요. 친밀한 관계는 가족이나 친구처럼 사적 관계와 관련되죠. 건조한 관계는 공적 관계, 업무적 관계가 주를 이뤄요. 모르는 관계는 거리와 대중교통 등에서 만나는 낯선 타인과의 관계를 말해요. 이 모든 관계에는 친밀함의 정도와 상관없이 경계가 존재해요.

· 친밀한 관계: 가족, 친구 등 사적 관계
· 건조한 관계: 공적 관계, 업무적 관계
· 모르는 관계: 낯선 타인과의 관계(거리, 대중교통 등)

대부분의 관계는 다시 수평적 관계와 수직적 관계로 나눌 수 있어요. 이를테면 친구 사이, 연인 사이, 형제자매 사이는 수평적 관계이고, 부모와 자식 사이, 회사 대표와 직원 사이는 수직적 관계라고 할 수 있어요. 수평적이든 수직적이든 경계 존중은 필수예요. 존중은 나이 많은 사람에게, 지위가 높은 사람에게만 하는 게 아니에요. 나이나 신분과 관계없이 서로가 서로를 존중해야 해요. 친밀한 사이일수록 더 조심하고, 수직적 관계에서는 상급자가 더욱 유의할 필요가 있어요.

· 수평적 관계: 친구, 연인, 형제자매
· 수직적 관계: 부모와 자식, 회사 대표와 직원

친밀한 관계에서는 문제가 자주 발생해요. 모르는 사이보다 아는 사이, 아는 사이에서도 친한 사이에서 인간관계 거리가 더 가깝죠. 가깝다는 이유로 경계를 무시하는 경우가 있어요. 친구들 사이에 그런 일이 잦죠. 친하다고 무시하거나 함부로 해도 되는 건 아니에요.

경계 존중의 밑바탕에는 사람에 대한 존중이 깔려 있어요. 사람을 존중하지 않는데 어떻게 그 사람의 경계를 존중하겠어요. 존중은 공적 관계, 모르는 관계에서만 성립하는 건 아니에요. 존중은 선택이 아니라 기본 값이에요. 존중은 흔히 매너라고 부르는 태도로 드러나요. 매너는 학교와 지하철역 같은 공공장소는 물론이고 가정, 일터 등 거의 모든 곳에 필요한 덕목이에요. '가까우니까 말하지 않아도 이해해 주겠지' '이 정도는 양해를 구하지 않아도 되겠지' 그렇게 생각하는 경향이 있어요. 아무리 가까워도 타인의 신체와 삶은 어디까지나 타인의 것이에요. 오히려 가까울수록 더 조심하고 경계를 존중해야 해요.

사귀는 사이에도 '사적 경계'가 분명히 있어요. 다른 관계와 비교해 더 친밀해서 경계를 자주 넘나들 뿐, 연인 사이라도 경계는 있고 존중이 필수예요. 이때의 핵심은 뒤에서 자세히 다룰 '동의 구하기'일 테고요. "이게 네가 원하는 게 맞아? 네가 그만두고 싶으면 언제든 확실히 그만해도 돼. 아프거나 하면 멈출 수 있어. 어색하지 않을 거야. 그냥 말만 해." 영국 드라마 〈노멀 피플〉(2020)에서 남자 주인공이 스킨십을 하기 전에 여자 주인공에게 하는 말이에요. 동의 구하기의 좋은 예입니다.

친구나 연인 사이라도 꼭 수평적인 관계는 아니에요. 외견상 수평적으로 보여도 힘의 불균형이 있을 수 있거든요. 예를 들어 상대방의 요구를 거절했을 때 문제가 생긴다면 수평적인 관계로 보기 어려워요. 이런 사례는 많죠. 상대방의 의견이나 취향을 무조건 따라야 한다거나, 나와 친한 사람을 상대방이 만나지 말라고 하면 볼 수 없다거나, 관계에서 불편함을 느꼈을 때 말하기 어렵다면 그런 연인 사이는 평등한 관계가 아니에요. 한쪽이 다른 한쪽에 종속된 관계일 뿐이죠. 진형민의 장편 동화 『사랑이 훅!』에서 남자 주인공 호태가 여자 주인공 담이에게 "평생 너를 지켜 줄게"라고 말하는 대목이 나와요. 담이는 곧바로 "나는 내가 지킬 테니까 걱정 마"라고 당당히 말합니다. 수평적인 관계를 잘 보여 주는 장면이에요.

종속된 관계, 즉 힘의 우위와 열위가 있는 관계에서 폭력이 발생하기 쉽답니다. 경계 침범을 포함해서요. 가족 내에서 아내 구타, 아동 학대, 노인 학대 등이 빈번히 발생하는 것도 그 때문이에요. 친밀한 관계라고 폭력이 발생하지 않는다는 법은 없어요. 폭력은 힘의 차이에서 발생해요. 동등한 관계라면 폭력이 아니라 싸움이 벌어지겠죠.

건조한 관계, 모르는 관계에도 분명 경계가 있어요. 버스나 열차 등에서 창을 열 때를 생각해 보죠. 창이 좌석 바로 옆에 있으니까 마음대로 할 수 있다고 생각하겠지만 그렇지 않아요. 창을 열어 바람이 불면 다른 사람에게도 영향을 주니까요. 창을 열고 싶다면 옆자리나 뒷자리에 앉은 사람에게 양해를 구해야 해요.

경계를 존중하자

고슴도치처럼 온몸에 날카로운 바늘이 돋친 호저(산미치광이)라는 동물이 있어요. 이 동물은 날이 추워지면 체온을 유지하려고 서로 바짝 붙다가 가시에 찔려 떨어져요. 그러다 다시 추워지면 또 붙다가 찔리고요. 떨어지면 춥고 다가가면 아픈 과정을 몇 번 되풀이하다 이윽고 적당한 거리를 찾게 돼요. 철학자 쇼펜하우어가 남긴 『소품과 부록』에 실린 우화 '호저의 딜레마'에 등장하는 이야기예요.

호저의 딜레마는 사람 역시 서로의 체온을 느낄 정도로 가깝더라도 상처를 입힐 만큼 붙어서는 안 된다는 교훈을 줘요.

쉽게 말해 사랑하되 타인의 독립성을 존중하라는 뜻이에요. 한 상자 안에 둔 사과들은 하나가 썩으면 다른 것도 썩기 마련이에요. 신기한 건 서로 맞닿은 사과들이 같이 썩는다는 점이에요. 적당히 떨어뜨려 놓아야 썩지 않아요. 사람 사이도 마찬가지 아닐까요?

소설가 소노 아야코가 쓴 『약간의 거리를 둔다』에는 책명과 같은 제목의 짧은 에세이가 실려 있어요. 그 글에서 저자는 어머니의 말을 빌려 인간관계에서 거리의 중요성을 이야기해요. 어머니는 집에는 통풍이 중요하다고 했어요. 집과 마찬가지로 사람 역시 어느 정도 거리를 둬야 바람이 통한다며 깊이 뒤얽힐수록 귀찮고 피곤한 일이 늘어난다고 조언해요. 그래서 서로 떨어져 있을 때 우리는 상처받지 않는다고 덧붙이죠.

가족 간에도 일정한 거리가 필요해요. 거리를 둔다는 건 멀리한다는 의미가 아니라 서로 배려하고 조심한다는 뜻이에요. '조심(操心)'이라는 글자는 '마음을 쓴다'는 뜻의 한자어예요. 잘못이나 실수가 없도록 자기 말과 행동에 마음을, 즉 신경을 쓴다는 뜻이에요. 상대가 불쾌하지 않도록 배려하는 사람은 자기 경계를 잘 지킬뿐더러 타인의 경계도 잘 지켜 줘요.

타인의 경계를 존중한다는 건 차갑게 선을 긋는 행동이 아니에요. 좋은 관계를 유지하려는 관계의 에티켓이에요. 매너와 에티켓이 사라지면 세상은 어떻게 될까요? 거리에 온갖 쓰레기가 나뒹굴고, 함부로 사람을 밀치거나 내키는 대로 고함을 지르기도 할 거예요. 예의범절을 갖추지 않은 사람이 가득한 세상은 그야말로 정글과 다르지 않아요. 영화 〈킹스맨〉(2015)에는 "매너가 사람을 만든다"라는 대사가 나와요. 정말이에요. 매너가 사람을 사람답게 만들어요.

경계를
침범하면 폭력

지옥으로 가는 길은 선의로 포장되어 있다

옛날에는 여자들이 일하다 밭고랑에 주저앉아 낫으로 탯줄을 끊었다느니, 집에서 돌보는 게 당연한 것을 무슨 애 낳는 데 호텔씩이나 잡아 들어가느냐든지, 한 사나흘 자리보전하며 미역국 먹고 나면 으레 다시 밭일하러 애를 업고 나오는 법이라는 19세기 레퍼토리가 한 치도 기대에 어긋나지 않고 돌림노래처럼 흘러나왔으며 (중략) 그러면 방문객들도 암만 봐도 집에서 살림 돌보는게 전부인 여자가 어째서 시계를 수시로 들여다보며 종종거리는지 이해할 수 없다는 듯한 표정으로 앉은 자리를 털었다.[5]

소설가 구병모의 단편 소설 「한 아이에게 온 마을이」의 일부예요. 초등학교 교사인 남편이 갑자기 시골 분교로 발령받아요. 주인공은 남편을 따라 시골로 이사 온 만삭의 임신부예요. 이사 온 첫날부터 동네 할머니가 집을 구경하겠다며 불쑥 집 안으로 들어와요. 아무런 양해도 구하지 않고요. 할머니는 부풀어 오른 주인공의 배를 마음대로 쓰다듬으며 아들인지 딸인지 캐물어요. 동네 주민들은 도시에서 온 젊은 부부에게 친근한 호기심을 보이며 사생활에 지나치게 개입하고 간섭하죠. 동네 주민들의 오지랖에 시달리던 주인공이 급기야 도시의 익명성을 그리워하는 장면에 소설의 주제가 집약돼 있어요.

타인에 대한 지나친 관심과 간섭은 선의(善意)든 악의(惡意)든 상대를 불편하게 만들어요. 같은 작가의 또 다른 소설 『네 이웃의 식탁』 역시 「한 아이에게 온 마을이」와 궤를 같이하는 작품이에요. 서로 모르던 네 가족이 '꿈미래실험공동주택'이라는 공동체 생활을 시작하면서 자연스레 서로의 식탁(사생활)을 공유하게 되는 이야기예요. 이 작품에도 타인에게 원하지 않는 조언이나 삶의 방식을 강요하는 장면이 나와요. 연애, 결혼, 출산 등을 장려한다며 참견하고 경계를 넘는 일들이죠. "어딘들 사람이 둘 이상 사는 곳이라면 참견의 깊이와 농도 정도만 차이 날 뿐 마찬가지일 터였다."[6]

경계를 허무는 행동

타인의 경계를 침범하는 행위는 언제 어디서든 일어날 수 있어요. 길에서 겪는 불쾌한 경험은 대개 경계 침범에서 비롯해요. 불쑥 내 경계를 침범해 놓고 아무런 사과도 없이 지나칠 때 우리는 불쾌함을 느끼죠. 발을 밟고 무심히 지나가는 사람, 지하철에서 승객이 다 내리지도 않았는데 승차하며 몸을 부딪치는 사람, 도서관에서 시끄럽게 웃고 떠드는 사람, 대중교통에서 다른 승객을 신경 쓰지 않고 큰 소리로 통화하는 사람 등은 타인의 경계를 침범하는 거예요.

신체적 경계 침범은 일상생활에서 흔히 발생해요. 예를 들면 소년기 남학생들은 장난삼아 친구의 몸을 건드리는 경우가 있어요. 머리를 때리거나 툭툭 발로 차기도 하죠. 상대방의 동의 없이 몸에 손을 대면 안 돼요.

공간적 경계 침범은 노크 없이 방문을 열거나 허락 없이 타인의 집에 들어가는 것과 같은 일이에요. '주거 침입'으로 처벌받을 수 있죠. 사람들은 자신의 공간을 자기의 일부로 여기는 경향이 있어요. 그래서 몰래 내 방에 들어와서 내 책상 등을 뒤졌다는 사실을 알게 되면 기분이 나쁘죠. 집이라는 공간은 안정감과 소속감을 주고 자유와 사생활을 보호해요. 집뿐만 아니라 학교나 사무실과 같은 공공장소에서도 공간적 경계를 존중할 필요가 있어요. 공간적 경계는 갈등과 불편함을 줄여 주고 상호 작용과 소통을 원활하게 해 사람들이 조화롭게 살아가도록 도와요.

소유의 경계 침범은 허락 없이 타인의 물건에 손을 대는 것이에요. 학교에서 친구가 자리를 비운 사이에 친구의 볼펜이나 휴대폰을 함부로 가져다 쓰는 것은 친구를 존중하지 않는 태도예요. 허락을 받고 빌려 쓰는 경우라도 소유의 경계를 침범할 수 있어요. 빌린 물건은 원래 상태로 돌려주어야 해요. 만약 물건을 잃어버리거나 망가뜨렸다면 사과하고 물어 줘야 해요.

언어적·정서적 경계 침범은 불안이나 위협, 불쾌감이나 굴욕감 등을 느끼게 하는 경우예요. 대표적인 행동이 스토킹과 성희롱입니다. 스토킹은 상대의 의사와 관계없이 무턱대고 쫓아다니거나 괴롭히는 행위예요. 성희롱은 성적인 불쾌감이나 굴욕감을 불러일으키는 말과 행동이고요. 욕하기, 협박하기, 고함지르기 등의 폭력적인 말과 행동이나 성적인 농담하기, 타인의 외모와 감정 비하하기, 성 정체성 조롱하기 등의 무례한 말과 행동, 무작정 찾아가기, 만나 달라고 떼쓰기, 싫다는데 계속 따라다니기, 일방적·지속적으로 연락하기(전화, 문자, SNS, 이메일 등) 등의 강요하는 말과 행동이 모두 언어적·

정서적 경계를 침범하는 행위예요.

사생활의 경계 침범은 크게 두 가지로 나뉘어요. 첫째는 내 사생활을 함부로 침범하는 경우고요, 둘째는 내 허락 없이 타인이 자기의 사적 영역을 억지로 들이미는 경우예요. 결혼은 했는지, 애인은 있는지 등 사생활을 캐묻거나 동의 없이 SNS·인터넷에 남의 사진·동영상을 올리거나 남의 몸이나 생활을 엿보는 것이 첫 번째에 속해요. 내가 요구하지도 동의하지도 않았는데, 상대가 일방적으로 음란물 등을 보여 주거나 자신의 특정 신체 부위를 찍어서 보내는 것은 두 번째에 속해요.

고백도 폭력일 수 있다

스토킹은 누가 봐도 경계 침범이 분명해요. 누군가를 좋아하는 마음은 선의겠지만, 상대가 거부하는데도 내 감정을 강요하는 것은 폭력이에요. 스토킹은 정서적 폭력에 기반하지만 신체적 폭력이라든지 공간적 경계 침범, 사생활 침해 등을 수반하기도 해요.

언어적·정서적 경계 침범과 관련해서 심각성과 폭력성을 간과하는 것 중 하나가 '사랑 고백'이에요. 사랑 고백은 사소한 일 같지만 결코 그렇지 않아요. 수줍은 사랑 고백은 고백하는 사람에게는 설렘을, 고백받는 사람에게는 애틋함을 느끼게 하죠. 그런데 애틋함은 고백받는 사람이 고백을 기대했을 때 생기는 감정이에요. 느닷없는 고백은 애틋함과 거리가 멀어요.

어떤 고백은 폭력이에요. 『경향신문』에 실린 「왜 알바에게 고백해서 혼내 주려 하나요ㅠㅠ」[7]라는 기사는 아르바이트 노동자가 고백하는 손님 때문에 겪는 어려움을 보여 줘요. 기사에 따르면 커피 전문점 매장 관리인이 꼽은 가장 대처하기 힘든 '진상 손님'은 '고백하는 손님'이에요. 서비스가 마음에 들지 않아 난동 부리는 손님은 다시 오지 않지만, 점원이 좋다고 하는 손님은 계속 와서 부담을 주기 때문이에요.

고백하는 손님이 뭐가 그렇게 부담스럽냐고요? 고백하는 사람 입장에서는 별것 아닐 수 있어요. 기껏해야 거절당하면 끝이니까요. 그런데 점원 입장은 다르지 않을까요? 연애가 아니라 일하러 온 곳에서 받는 느닷없는 고백은 일에 방해만 돼요. 게다가 다시 찾아와도 막거나 피할 방법이 없어요. 매몰차게 거절했다가 상대가 회사에 보복성 항의를 할 수 있어요. 심하면 스토킹을 할 수도 있고요. 당장 벌어질 불상사는 아니지만 충분히 가능한 일이기 때문에 점원 입장에서는 이래저래 부담스러울 수밖에 없어요.

2021년 서울 노원구의 한 아파트에서 세 모녀가 살해된 채 발견됐어요. 범인은 큰딸을 일방적으로 따라다닌 스토커였어요. 가해자와 피해자는 온라인 게임을 통해 알게 된 사이였는데, 가해자가 교제를 요구했지만 거절당했어요. 이후로도 피해자를 계속 따라다니고 지속적으로 찾아왔어요. 피해자가 연락 자체를 차단하자 앙심을 품고 범행을 저질렀다고 해요. 살인까지는 아니더라도 이런 식으로 고백 후에 스토킹하는 일은 드물지 않아요. 일방적인 사랑 고백이 더 부담스러울 수밖에 없는 이유예요. 엄연한 경계 침범이에요.

물론 "저기, 고백해도 될까요?"처럼 동의받고 고백하기는 어렵겠지요. 하지만 적어도 서로 간에 고백할 만한 교감이 충분히 이뤄졌어야 하지 않을까요? 최소한 상대도 내게 호감이 있다는 걸 확인하고 해야겠지요. 호감은 주관적 감정이라 명백히 확인하기 어려워요. 그럼에도 끊임없이 노력해야 해요.

영어에 "None but the brave deserve the fair"라는 말이 있어요. "용기 있는 자가 미인을 얻는다"라는 뜻이에요. "열 번 찍어 안 넘어가는 나무 없다"라는 우리말 속담도 있죠. 되지 않을 것 같은 일도 여러 번 시도하면 결국 이루어진다는 뜻이에요. 목표하는 대상이 일이라면 상관없겠지만, 그 대상이 사람이라면 문제예요. 열 번을 찍었다면 상대가 이미 아홉 번을 거절했다는 거잖아요? 이건 스토킹이에요. 열 번이나 찍히는 사람은 얼마나 불편하겠어요? 상대의 집착이 병적이어서 집이나 회사까지 찾아오면 얼마나 괴롭겠어요? 사람은 나무가 아니에요. 사랑은 도끼로 탕탕 찍어 넘기는 일도 아니고요.

악의 뿌리, 경계 침범

앞서 「한 아이에게 온 마을이」를 소개하며 선의에 의한 경계 침범을 이야기했어요. 그런데 경계 침범은 악의를 품고 이뤄지기도 하죠. 김지연의 단편 소설 「우리가 해변에서 주운 쓸모없는 것들」에는 동성애자인 여성 커플이 바닷가에 놀러 가는 대목이 나와요. 두 여성이 손을 잡고 바다를 거닐어요. 그런데 그 모습을 지켜보던 한 남성이 고개를 돌리며 침을 뱉어요. 마치 더러운 걸 본 사람처럼 말이에요. 주인공은 과거에도 전철역에서 여자 친구와 가볍게 입을 맞추었을 때 한 노인으로부터 지팡이로 다리를 세게 얻어맞은 경험이 있어요. 잔뜩 화가 난 노인은 더러운 년들이라고 욕하면서 지팡이를 휘둘렀어요.

흔히 "타인의 사생활을 침범한다"라고 말해요. 이때 '침범(侵犯)'은 남의 영토나 구역, 권리 따위를 함부로 쳐들어가 해

친다는 뜻이에요. '침(侵)'과 '범(犯)', 두 글자에는 모두 들어가선 안 되는 곳에 들어간다는 의미가 있어요. 당사자 허락 없이 마음대로 들어가면 문제가 생겨요. 들어가면 안 되는 경계는 지켜야 할 법률일 수도 도덕일 수도 예절일 수도 있어요. 사회적 규칙이나 약속에 따라 서로 침범하지 않기로 정한 경계를 넘어서면 규칙을 어긴, 무법하거나 무도하거나 무례한 행위가 돼요. 법률을 어기고 죄지은 사람을 '범죄자(犯罪者)'라고 하죠. 여기에도 함부로 들어가면 안 되는 경계를 넘어간다는 뜻의 '범'이라는 글자가 보이네요.

독일 철학자 칸트는 "나의 자유가 남의 자유와 양립하는 경계선을 모두 이어 놓은 것, 즉 만인의 자유가 공존하기 위한 조건의 총체"[8]를 법이라고 표현했어요. 경계선을 기준으로 나의 자유와 너의 자유가 나뉘어요. 내 자유는 타인의 자유가 시작되는 지점에서 끝나요. 나의 경계선은 너의 자유가 끝나고 나의 자유가 시작되는 출발선이에요. 너의 경계선은 나의 자유가 끝나고 너의 자유가 시작되는 지점이에요.

어느 누구도 타인의 몸에 함부로 손댈 수 없어요. 국가도 예외가 아니에요. 대한민국 헌법 제12조 1항은 "모든 국민은 신체의 자유를 가진다"라고 선언해요. 당사자의 동의가 있어야 사적 경계를 넘을 수 있어요. 국가의 경우에는 영장 등 법률적

절차를 따라야 가능해요. '신체의 자유'라는 대원칙, 그리고 타인의 신체에 손을 대려면 반드시 동의를 구해야 한다는 원칙만 제대로 지켜져도 세상이 지금보다 한결 좋아지지 않을까요? 인권 침해를 포함한 대부분의 폭력이 발붙이기 어려울 테니까요.

사실 세상 거의 모든 악의 뿌리에 경계 침범이 자리 잡고 있어요. 침략 전쟁, 영토 분쟁, 성폭력, 살인, 폭행, 절도 등 대부분의 악행과 범죄가 경계를 침범한 결과예요. 역사적으로 내전이나 전쟁은 성폭력과 밀접한 관련이 있었어요. 제2차 세계대전 때 소련군이 베를린에 도착했을 때 광범위한 강간이 벌어졌고, 1994년 르완다 내전에서는 50만 명의 여성들이 강간당했어요. 경계 문제는 국가와 국가, 집단과 집단, 개인과 개인을 기본으로 다양하게 생길 수 있어요. 서로의 경계만 존중해도 세상은 훨씬 평화로울 거예요.

성폭력 생각해 보기
─ 짓밟힌 성적 자기 결정권

몇 년 전까지만 해도 간통죄가 있었어요. 간통죄는 배우자가 있는 사람이 배우자가 아닌 사람과 성적 관계를 맺을 때 성립하는 범죄예요. 배우자 말고 다른 사람과 성적 관계를 맺었다면 그에 따른 책임을 지는 것은 당연하지만 그 책임을 어떻게 져야 하는지, 국가의 형벌권이 동원되는 게 적절한지는 별개 문제예요. 간통이 부도덕한 행위라는 것을 부정하지는 않아요. 문제는 부도덕하다고 해서 국가가 개인의 성적 권리에 개입할 수 있느냐는 거예요.

한국에서는 2015년 헌법재판소의 결정으로 간통죄가 효력을 잃었어요. 간통죄가 생긴 지 62년 만이었죠. 덴마크 (1930년), 스웨덴(1937년), 일본(1947년), 독일(1969년), 노르웨이(1972년), 프랑스(1975년) 등 대부분의 선진국보다 늦은 편이었어요. 미국도 일부 주를 제외하고 간통죄가 없어요. 국가가 부부의 문제에 끼어드는 게 지나치다고 본 결과예요. 간통을 옹호해서가 아니라 개인의 성적 권리에 개입할 근거가 없기 때문이에요. 간통죄는 성적 자기 결정권과 사생활의 자유를 과도하게 제한했어요.

인권의 출발점은 '하베아스 코르푸스(habeas corpus)' 정신이에요. 하베아스 코르푸스는 '당신은 (당신의) 몸을 소유한다'라는 뜻의 라틴어예요. 1679년 영국에서 법으로 규정된 '인신보호령'이 대표적이지요. 국가 권력이 법에 의하지 않고는 누구의 몸도 함부로 체포, 구속할 수 없다는 원칙이에요.[9] 기본권과 관련하여 가장 중요한 원칙이죠. 간통죄의 폐지도 근본적으로는 '하베아스 코르푸스' 원칙과 무관하지 않을 거예요.

국가가 개인의 성적 자기 결정권을 침해하는 것도 문제지만, 개인끼리 성적 자기 결정권을 침해하는 것도 큰 문제예요. 그중 심각한 폭력이 성폭력이에요. 성을 매개로 일어나는 신체적·정신적·언어적 폭력을 통틀어 일컫는 말이에요. 상대방의 동의 없이 일어나는 강간, 성추행, 성희롱, 섹스팅, 스토킹,

성적 강압, 콘돔 제거, 훔쳐보기, 외설적인 노출 등이 포함돼요.

· 강간: 폭행 또는 협박 등을 써서 강제로 성관계를 하는 것
· 준강간: 폭행 또는 협박이 없더라도 동의 없이 성관계하는 경우
· 성추행: 상대가 원하지 않는 신체 접촉
· 성희롱: 성적인 말과 행동으로 상대에게 성적 불쾌감 또는 모욕
감을 주는 행동
· 섹스팅: 상대가 원치 않는데도 자신의 알몸 사진을 보내거나 요
구하는 경우
· 스토킹: 누군가를 따라다니거나 감시하는 행위
· 성적 강압: 상대를 압박하거나 속여서 상대가 원치 않는 성적 행
위를 하는 경우
· 콘돔 제거: 성관계 도중에 상대의 허락 없이 콘돔을 제거하는 행위
· 훔쳐보기: 누군가 알몸으로 있거나 성적 행위를 하고 있을 때 몰
래 보는 것
· 외설적인 노출: 은밀한 신체 부위가 보이도록 노출하는 행동

타인의 성적 자기 결정권을 침해하지 않는 범위에서 나의
성적 자기 결정권을 행사해야 해요. 나의 성적 자기 결정권이
소중하듯이 타인의 성적 자기 결정권도 소중해요. 동등하게
존중되어야 해요.

2장

동의부터
먼저

경계를 넘을 땐 동의가 필수

선녀와 나무꾼

옛날 옛적에 착한 나무꾼이 살았어요. 어느 날 나무꾼이 사냥꾼에게 쫓기는 사슴의 목숨을 구해 주자 사슴은 은혜를 갚는다며 나무꾼을 선녀 목욕탕으로 안내했어요. 나무꾼은 선녀들이 목욕하는 장면을 몰래 훔쳐보다 선녀의 날개옷을 빼돌렸어요. 날개옷이 없어 하늘로 올라가지 못한 선녀를 나무꾼이 집으로 데려왔어요. 나중에 이 사실을 알게 된 선녀는 돌려받은 날개옷을 입은 채 아이 둘을 양팔에 안고 하늘로 올라가요. 전래 동화 「선녀와 나무꾼」의 내용입니다.

이 이야기는 철저히 나무꾼의 관점에서 쓰였어요. 사슴을 도운 것까진 좋았지만, 그 이후 벌어진 일들은 끔찍해요. 선녀 관점에서 생각해 보세요. 날개옷을 잃어버리고 하늘로 돌아가지 못했을 때 얼마나 절망적이었을까요? 선녀는 지상의 삶을 꿈에도 생각지 못했을 거예요. 게다가 낯선 남자 손에 이끌려 그의 아내가 되어야 했어요. 난생처음 보는 남자를 배우자로 맞는 심정은 어땠을까요? 여기까지도 끔찍한데, 더 끔찍한 일이 남았어요.

생판 모르는 남자와 부부가 됐지만, 조금씩 정을 붙이고 하늘 아래 삶을 이어 갔어요. 아이도 둘이나 낳았고요. 그러다 어느 날 나무꾼이 자초지종을 설명했어요. 선녀는 모든 것이 나무꾼의 속임수 때문에 벌어진 결과라는 사실을 알고 배신감에 치를 떨었겠죠. 남편이란 사람이 파렴치한 농간을 부린 치한이라니, 말문이 막혔을 거예요. 그러니 날개옷을 되찾자마자 하늘로 올라가 버렸을 테죠.

전래 동화에 감춰진 것은 한 여성에 대한 폭력이에요. 그 폭력은 경계를 넘으면서 동의를 건너뛴 데서 시작해요. 목욕하는 모습을 훔쳐보고 날개옷을 숨기고 선녀를 속여서 아내로 삼은 것, 이 모두가 타인의 경계를 넘어서는 행위예요. 나무꾼은 단 한 번도 선녀의 의사를 묻지 않았어요. 당연히 선녀가 제대로 동의한 적도 없고요. 그때 이미 파국의 씨앗이 뿌려졌던 거예요.

동의 구하기

책의 첫머리에서 우리 각자에게는 '보이지 않는 선'이 있다고 했지요? 그게 바로 나를 지키는 울타리 즉, 경계라고 했어요. 타인의 경계를 넘을 때는 반드시 상대의 동의를 구해야 해요. 경계를 넘어서는 건 다른 사람의 방에 들어가는 것과 같아요. 보통 들어가기 전에 어떻게 하나요? 노크하거나 들어가도 되는지 방 주인에게 묻지요? 노크가 바로 '동의 구하기'의 한 형태예요.

구체적으로 어떤 행위에 대해서 동의를 구해야 할까요? 어렵게 생각할 필요가 없어요. 상대방의 경계를 넘는 행위라면 어떤 행동이든 무조건 동의를 구한다고 생각하면 돼요. 앞에서 배웠던 신체적 경계, 공간적 경계, 소유의 경계, 언어적·정서적 경계, 사생활의 경계 모두 마찬가지예요. 나의 행위가 다른 사람의 경계를 침범하고 그 사람에게 직접적인 영향을 미친다면 그 행위를 하기 전에 다음과 같은 과정을 꼭 거쳐야 해요.

내 행위에 상대가 동의해 주면 그대로 행동하면 되고, 상대

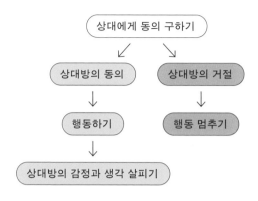

동의 구하기 과정

가 거절하면 그 즉시 행동을 멈춰야 해요. 상대가 동의하지 않으면 그 뜻을 받아들여야 해요. 동의 구하기를 형식적으로 하지 않았다면 말이에요. 상대가 거절했다고 해서 짜증이나 화를 낼 필요는 없어요. 또, 한 번 동의를 구했다고 끝이 아니에요. 내가 어떤 행동을 하면 상대가 일정한 반응을 보일 거예요. 그때의 신호를 주의 깊게 살필 필요가 있어요.

· 긍정적 신호: 좋다고 말한다. 환한 미소를 띤다. 편안해 보인다. 소리 내어 웃는다. 계속하라는 제스처를 취한다. 적극적으로 다가온다.

· 부정적 신호: 싫다고 말한다. 싫은 표정을 짓는다. 불편해 보인

다. 표정이 어색하다. 손을 젓거나 몸을 뒤로 뺀다. 팔로 밀어내려고 한다.[1]

상대의 감정과 생각을 살피는 이유가 뭘까요? 상대가 언제든 동의를 철회할 수 있기 때문이에요. 그래서 동의 여부를 계속 확인할 필요가 있어요. 그런데 표정이나 몸짓 등 비언어적 의사소통은 오해를 낳기 쉬워요. 마음속에 품은 참뜻을 모르겠다 싶을 때는 똑똑히 물어보세요. 만약 상대가 동의를 거두어들이겠다고 한다면 순순히 받아들여야 해요.

특히 주의할 부분이 성관계에서의 동의예요. 이때의 동의는 확실하고 명시적인 동의여야 해요. 둘만 있는 공간에 함께 가거나 상대가 내가 혼자 사는 자취방에 흔쾌히 들어왔거나 함께 즐겁게 술을 마셨다고 해도 성관계에 동의한 건 아니에요. 이런 일들은 성관계 동의와 아무런 상관이 없어요. 동의 없는 성적 접촉은 폭력이에요.

왜 동의를 구해야 할까?

동의가 중요한 첫 번째 이유는 동의 구하기가 곧 상대를 존중하고 배려하는 것이기 때문이에요. 내 행동이 상대의 경계를 침범해 상대에게 영향을 미치거나 불쾌감을 줄 수 있다면 행동하기 전에 상대에게 물어야 해요. 묻지 않고 제멋대로 굴거나 상대가 거절한 행동을 일삼다가 갈등과 싸움이 벌어지곤 해요. 내가 소중하듯 타인도 똑같이 소중해요.

동의 구하기는 나에게도 좋은 일이에요. 내가 상대를 존중하면 상대도 나를 존중하기 마련이에요. 예수는 "남에게 대접을 받고자 하는 대로 너희도 남을 대접하라"(『마태복음 7:12』)라고 말했어요. 공자도 "내가 원하지 않는 바를 남에게 하지 말라"(『논어』「위령공편」)라고 했어요. 기독교나 유교 말고도 수많은 종교에서 비슷한 가르침을 전해요. 이를 '황금률'이라고 해요. 상대가 나에게 해 주길 바라는 태도로 상대를 대하라는 가르침이에요.

동의가 중요한 두 번째 이유는 동의를 얻지 못한 행위는 범죄가 될 수 있기 때문이에요. 앞에서 다뤘던 경계 침범 사례들은 크든 작든 범법 행위가 될 수 있어요. 경계 침범이 합법인지 위법인지는 '동의 여부'에 달려 있어요.

동의 없는 의료 행위는 신체 침해이고, 동의 없는 성적 접촉은 성폭력이에요. 동의 없이 촬영한 사진이나 영상을 인터넷에 올리면 초상권 침해이고, 동의 없이 CCTV를 설치해 직원을 감시하면 개인 정보 보호법 위반이에요. 동의 없이 남의 집에 들어가면 주거 침입이고, 동의 없이 남의 물건을 가져가면 절도 행위예요. 창작자의 동의 없이 남의 창작물을 함부로 쓰면 저작권 침해예요. 이런 행위는 처벌받을 수 있는 범죄랍니다. 다른 나라의 동의 없이 그 나라에 군대를 보내면 불법 침략이 돼요.

"다음 항목 사용에 동의해 주세요. 사진/영상/파일"이라는 문구 많이 보았죠? 애플리케이션 이용 전에 거치는 사용자 동의예요. 기업은 개인 정보 이용에 관한 동의 의사를 자주 물어요. 병원에선 위험 부담이 있는 수술이나 시술에 앞서 환자의 동의서를 받아요. 기업과 병원은 법적 책임을 피하기 위해 동의라는 사전 절차를 지킨답니다. 반대로 수신 동의 없이 보내는 스팸 문자, 동의 없이 수집하고 활용하는 개인 정보 등은 불법이에요.

나무꾼의 최후

나무꾼이 저지른 일들에는 선녀의 의사와 자기 결정권이 전혀 반영되지 않았어요. 나무꾼의 행위는 용서받을 수 없는 폭력이자 범죄예요. 만약 나무꾼이 지금 시대에 살았다면 감옥 신세를 면치 못했을 거예요. 몰래 훔쳐본 건 '사생활 침해'고요, 옷을 훔친 건 '절도죄' 또는 '재물 은닉죄'고요, 날개옷을 빼앗아 신체의 자유를 제한한 건 '감금죄'예요. 마지막으로 아내로 삼고 아이를 낳게 한 건 '결혼 목적 약취 유인죄'입니다. 쉽게 말해, 결혼할 목적으로 납치 또는 유인을 한 거예요.

「선녀와 나무꾼」 이야기는 상대를 존중하지도, 동의를 구하지도 않는 관계의 최후를 잘 보여 줘요. 경계 존중과 동의 구하기가 얼마나 중요한지 알겠지요? 서로에 대한 존중을 바탕으로 동의하에 맺어 가는 관계가 건강한 관계예요. 건강하지 못한 관계일수록 마찰이 잦고 싸움의 끝도 불행해요. 나무꾼처럼 되지 않으려면 경계 존중과 동의 구하기를 생활화해야 해요. 마지막으로 경계 존중의 세 가지 원칙을 되새겨 볼까요.

첫째, 남의 경계를 존중하고, 나의 경계를 존중받아요.

둘째, 남이 내 경계를 침범하려고 하면 "싫다" "안 된다"라고 분명히 말해요.

셋째, 남의 경계에 들어가기 전에 꼭 동의를 구해요. 상대방이 "싫다" "안 된다"라고 말하면 반드시 그 의사를 존중해요.

모든 관계의 기초,
동의

예전에 '나쁜 남자'가 인기였어요. 여성의 의사와 상관없이 자기 멋대로 하는 남성이에요. 나쁜 남자는 일방적인 관계 맺기를 박력이나 남성다움으로 포장해요. 동의의 측면에서 보자면 나쁜 남자는 완전히 낙제점이에요.

정반대 경우도 있어요. 스웨덴 영화 〈렛미인〉(2008)이에요. 뱀파이어 소녀와 왕따 소년의 사랑과 우정을 그린 영화예요. 뱀파이어 영화들은 대개 잔인한 편이에요. 날카로운 이빨이 번쩍이고 선혈이 낭자하거든요. 그런데 〈렛미인〉은 잔인하긴

하지만 뱀파이어 영화치고는 굉장히 아름다워요. 영화에는 성인 남자를 한 팔로 들어 올리는 뱀파이어 소녀가 등장해요.

그런 힘을 가진 소녀도 타인의 공간에 들어가기 전에 꼭 허락을 구해요. 영화에는 "들어가도 되니?(May I come in?)"라는 대사가 자주 나오죠. 허락 없이 들어가면 온몸에서 피를 흘리며 고통을 느끼게 돼요. 이것은 초대받지 않고는 남의 집에 들어가지 못한다는 뱀파이어 전설에서 따온 설정이에요.

"들어가도 되니?"라는 대사는 타인과 어떻게 관계 맺어야 하는지 잘 보여 줘요. 영화에서 누군가의 방에 들어가는 건 그 사람의 마음속에 들어가는 것을 의미해요. 또한 이는 육체적 관계를 상징하기도 해요. 깊은 정서적 교류를 나누는 관계든 육체적 관계든 모두 상대의 동의가 필요해요. 뱀파이어 소녀처럼 힘세고 강한 사람도 마찬가지예요. 결국 이 영화에서 동의 구하기는 강자의 동의 구하기와 성관계에서의 동의 구하기라는 측면에서 이해할 수 있어요.

얼핏 동의란 누군가에게 '동의한다'라는 대답을 해 주는 차원의 문제라고 생각할 수 있어요. 그러나 동의는 '물어보기'가 핵심이에요. 동의에 관해서 우리가 제일 먼저 배우고 제일 명심해야 할 것은 상대에게 물어보기예요. 그래서 이 책에서는 '동의 구하기'라는 표현을 자주 쓸 거예요.

모든 관계의 필수 요소, 동의

동의가 꼭 성적으로 연관된 관계에서만 중요한 건 아니에요. 일상 모든 영역, 모든 관계에서 필요해요. 부모와 자녀, 형제자매, 친구, 친척 사이에서도 동의 구하기를 신경 써야 해요. 혹시 '셰어런팅'이라는 말을 들어 봤나요? 부모가 SNS에 자녀를 찍은 사진이나 자녀에 관한 글을 습관적으로 올리는 행위를 공유(Share)와 양육(Parenting)을 합쳐 셰어런팅(Sharenting)이라고 해요. 촬영이나 공유에 동의한 적 없는 자녀의 사진을 부모가 올리더라도 자녀는 이를 막기가 쉽지 않아요. 그렇다면 실수나 잘못을 한 순간이나 남에게 보이고 싶지 않은 모습을 부모라는 이유로 함부로 공개해선 안 되겠죠.

부모는 자녀의 성장을 기록하거나 자랑하고 싶은 마음에 셰어런팅을 하지만, 자녀의 동의 없이 개인 정보를 노출하는 것은 자녀의 권리를 침해할 수 있어요. 셰어런팅은 그런 행위를 경계하기 위해 만들어진 개념이에요. 2022년에 국내 한 유명 배우가 SNS에 5세 아들의 알몸 사진을 올렸다가 논란이 된 적이 있어요. 네티즌들이 부적절한 셰어런팅이라고 지적하자 배우는 해당 사진을 삭제했죠.

물론 아이마다 부모가 자기 사진을 공개하는 것에 보이는 반응이 다를 순 있어요. 2017년 영국 공영 방송 BBC에서 '보다 안전한 인터넷의 날(Safer Internet Day)'을 맞아 10~12세 아이 1001명에게 설문 조사한 바에 따르면 5명 중 2명이 부모가 SNS에 자신의 사진을 올리는 걸 좋게 여겼어요. 하지만 4명 중 1명은 창피함이나 불안함을 느꼈어요.[2] 아이마다 차이는 있지만, 어떤 아이들은 분명히 불쾌함을 느낀다는 거죠.

그렇다면 부모가 자녀의 사진을 찍어선 안 된다는 말일까요? 찍는 것과 SNS에 올리는 것이 다르다는 뜻이에요. 어울려서 자연스럽게 사진을 찍을 수 있지만, 독사진이 아니라면 SNS에 올리기 전에 상대방의 동의를 구해야 해요. 부모와 자식처럼 힘의 차이가 있는 관계에서 동의 구하기는 매우 중요해요. 당연히 더 힘을 가진 쪽에서 그렇지 않은 쪽보다 동의 구하기에 더 신경 써야 해요. 힘의 차이는 어떻게 알 수 있을까요? 어느 쪽이 더 자주 동의를 구하는지 보면 알 수 있어요. 대개는 약한 쪽이 동의 구하기에 더 신경 쓰기 마련이에요.

동의 교육의 중요성

가족 간이나 친한 사이에 무슨 동의가 필요하냐고 생각할지도 몰라요. 정말 그럴까요? 아동·청소년을 대상으로 한 성범죄의 상당수는 가까운 친족(4촌 이내의 혈족 및 인척) 사이에서 발생해요. (외)삼촌, 고모(부), 이모(부) 등은 3촌이고요, 그 자녀가 4촌이에요. 여성가족부의 「2022년 아동·청소년 대상 성범죄 발생 추세 및 동향 분석」 보고서를 보면 2021년 아동·청소년 대상 성범죄자의 10.9%가 친족을 대상으로 성범죄를 저질렀어요.[3] 아무리 가깝게 지내는 어른이나 친척이라 할지라도 예쁘다며 동의 없이 몸을 쓰다듬고 뽀뽀를 해서는 안 돼요.

아이가 의사소통이 가능해지고 자의식이 생겨나면 동의를 구해야 해요. 다시 말해 아주 어릴 때부터예요. 인권이 성인에게만 있는 게 아니듯이 동의 구하기도 성인끼리만 하는 게 아니에요. 이른 시기부터 동의 교육을 철저히 하면 몇 가지 이점이 있어요. 어릴 때부터 동의 교육을 받은 아이는 그렇지 않은 아이와 비교해 어떤 점에서 다를까요?

부모가 동의를 구한다는 건 아이를 존중한다는 거예요. 부모가 아이를 존중하면 아이도 자기 자신을 똑같이 존중하기 마련이에요. 부모에게 존중받은 아이는 자아 존중감이 높아요. 누구나 실패를 경험하지만, 실패를 받아들이는 태도는 사람마다 달라요. 좌절을 겪고 주저앉는 사람이 있는가 하면, 떨치고 일어나 극복하는 사람이 있어요. 이런 차이를 낳는 것이 자존감이에요.

또한, 아이가 다른 사람의 경계도 존중할 줄 알게 돼요. 타인의 경계를 함부로 침범하지 않아요. 자기가 그렇게 교육받았으니까요. 어릴 때부터 동의를 구하고 요청받은 경험이 있어야 나중에 자라서 동의를 구하는 사람이 될 수 있어요. 동의가 동의를 부르고 존중이 존중을 낳아요.

마지막으로 위험을 빠르게 인지할 수 있어요. 누군가 나와 내 몸에 직간접적으로 관련된 행위를 할 때 늘 동의를 요청받아 왔던 아이라면, 그렇지 않은 상황과 행동에 민감해지고, 정상적이지 않다고 생각할 수 있겠지요.

이런 이유 때문에 선진국들은 어릴 때부터 동의 교육을 한다고 해요. 영국은 2020년 9월부터 성교육을 바꿨어요. 기존 성교육에 '관계 맺기' 교육을 강화해 가르치고 있어요. 이를 '관계와 성교육(RSE, Relationships and Sex Education)'이라고 부른답니다. 초등학생은 열한 살까지 '관계 맺기' 수업에서 가정, 학교, 놀이터 등 생활 공간에서 자기 경계를 지키고 타인의 경계를 존중하는 법을 배워요. 중등학생은 열여섯 살까지 성적 동의를 배워요. 성적 관계에서 상대방의 의사를 존중하고 자기 의사를 적극적으로 표현하는 능력을 익히죠. 오스트레일리아 역시 경계 존중 교육(Respectful Relationships Education)과 동의 교육을 의무화했어요. 유네스코는 이런 성교육을 '포괄적 성교육'이라고 부르며, 「국제 성교육 가이드」

를 발간하여 많은 나라에 이런 교육을 적극적으로 권장하고 있어요.

우리는 충분히 존중받고 있나?

의료법 시행 규칙 제1조에 명시된 '환자의 권리'는 환자의 알 권리와 자기 결정권을 규정하고 있어요. "환자는 담당 의사·간호사 등으로부터 질병 상태, 치료 방법, 의학적 연구 대상 여부, 장기 이식 여부, 부작용 등 예상 결과 및 진료 비용에 관하여 충분한 설명을 듣고 자세히 물어볼 수 있으며, 이에 관한 동의 여부를 결정할 권리를 가진다." 대부분의 병원이 이와 같은 내용을 포함한 '환자 권리 장전'을 공표하고 있어요.

보건 의료 기본법 제12조의 표제는 '보건 의료 서비스에 관한 자기 결정권'이며 "모든 국민은 보건 의료인으로부터 자신의 질병에 대한 치료 방법, 의학적 연구 대상 여부, 장기 이식 여부 등에 관하여 충분한 설명을 들은 후 이에 관한 동의 여부를 결정할 권리를 가진다"라고 되어 있어요. 생명 윤리 및 안전에 관한 법률 제3조 2항 역시 "연구 대상자 등의 자율성은 존중되어야 하며, 연구 대상자 등의 자발적인 동의는 충분한 정보에 근거하여야 한다"라고 규정해요. 모두 환자의 동의를

67

강조하고 있어요.

현실은 어떨까요? 과연 병원에서 저런 내용을 구체적으로 물어보고 충분한 설명을 들을 수 있을까요? 배우 송강호가 주인공 강인구 역으로 출연한 〈우아한 세계〉(2007)라는 영화가 있어요. 강인구가 병원에서 검사 결과를 초조하게 기다리는 장면이 있는데요. 의사는 강인구를 쳐다보지도 않고 컴퓨터에 눈을 고정한 채 무덤덤하게 말해요. "당뇨 왔네요. 약 받아 가세요." 강인구는 뭔가 묻고 싶어 우물쭈물해요. 그러나 여전히 의사는 컴퓨터만을 응시해요. 적절한 방법을 알려 달라는 강인구에게 의사는 나가면 간호사가 말해 줄 거라고 퉁명스레 대답해요. 열 받은 강인구는 진료실을 나가며 "당뇨가 감기야?"라고 한마디 던지죠.

대부분의 디지털 서비스는 이용자의 약관 동의를 요구해요. 약관을 클릭하면 긴 내용이 나와요. 이를 모두 다 읽고 동의를 표하는 이용자는 거의 없어요. 현실에선 '습관적 동의'가 이뤄지는 경우가 많아요. 「2022 개인 정보 보호 및 활용 조사 보고서」에 따르면 인터넷 이용자 10명 중 6명이 개인 정보 수집·이용 등 처리에 대해 잘 확인하지 않는다고 해요. 동의 내용을 확인하지 않는 이유로 '귀찮고, 번거로워서'(37.4%)라는 응답이 가장 많았으며, 이어서 '내용이 많고 이해하기 어려워서'(32.7%) '타 서비스 등과 동의 내용이 비슷하여 굳이 확인할 필요를 못 느껴서'(16.0%) 등의 순이었어요.[4]

보험 계약, 은행 대출, 휴대폰 가입, 신용카드 가입 등 각종 계약과 가입 시에도 긴 약관을 제시받아요. 전체 약관을 꼼꼼히 확인하고 가입하려면 몇 시간이 필요할걸요. 그래서 일상에서의 각종 동의는 기계적인 체크로 이어지죠. 이런 문제는 동의하는 사람 탓일까요, 아니면 동의를 구하는 기업 탓일까요? 전체 약관과 함께 소비자가 반드시 확인해야 할 부분(예컨대 발생 가능한 손해나 불이익 등)을 정리한 약관 요약서를 함께 제시하면 좋을 거예요. 약관 요약서만이라도 꼭 읽고 동의할 수 있도록 말이에요. 약관 요약서를 동영상, 인포그래픽 등으로 이해하기 쉽게 제작해 약관에 QR코드로 표시해 소비자가 확인할 수 있도록 해도 좋겠지요.

어떻게
동의를 구할까?

키스해도 될까요?

가요든 영화든 소설이든 가장 흔한 소재가 사랑 이야기일 거예요. 이성끼리든 동성끼리든 사랑은 가장 흔하면서 보편적인 소재예요. 수많은 작품에서 사랑을 다루지만, 사랑을 나누기 전에 동의를 구하는 장면을 본 적이 있나요? 그런 작품은 손에 꼽을 정도로 적어요. 그중 하나가 애니메이션 〈겨울왕국〉(2014)이에요.

〈겨울왕국〉의 뒷부분에 최신 모델의 썰매를 선물로 받은 크리스토프가 기쁜 마음에 안나를 번쩍 안아 올리는 장면이 나와요. 크리스토프는 "키스할 수 있을 것 같아요!(I could kiss you!)"라고 말했다가 재빨리 "내 말은, 키스하고 싶다고요…(I mean, I'd like to. I'd…)" "내가 해도 될까요?(May I?)"라고 고쳐 말해요. 어때요? 상대의 의사를 묻는 대사가 확실히 맞지요?

그런데 이 장면에는 두 가지 문제가 있어요. 첫째는 동의를 구하긴 했지만 반쪽짜리였다는 점이에요. 키스만 동의를 구했을 뿐 포옹에 대해서는 동의를 구하지 않았거든요. 둘째는 키스하려고 이미 안은 상태에서 키스해도 되는지 물었다는 점이에요. 행동하기 전에 상대방의 동의를 구하는 것이 바른 자세예요. 행동을 시작한 후에 동의를 구해선 안 돼요.

동의를 구하는 태도

동의를 구하는 바른 태도가 있어요. 크게 세 가지로 나눌 수 있는데요. 첫째는 동의를 구하는 시점이에요. 상대의 경계를 침범한 후에 동의를 구하는 건 제대로 된 동의 구하기가 아니에요. 상대의 몸에 팔을 반쯤 두르고서 "안아도 될까?" 묻는 것은 올바른 태도가 아니에요. 그런 건 사후 통보예요. 반드시 행동하기 전에 물어야 해요. 행동할 준비를 마치고 행동에 들어가면서 동의를 구하는 건 엄밀히 따지자면 '행동하기 전'으로 보기 어려워요.

동의를 구하는 시점을 굳이 따져야 하느냐고요? 이런 태도가 왜 중요할까요? 팔을 반쯤 두르고서 포옹해도 될지 묻는 태도에는 나는 무조건 포옹하고 말겠다는 의지가 담겨 있어요. 다시 말해, 상대의 거절을 받아들이지 않겠다는 뜻을 이미 강하게 드러내는 거예요. 상대의 동의는 자유로운 상태에서 능동적으로 결정되어야 하는데, 내가 동의를 받아 내겠다는 자세를 취한다면 그렇게 하기 어렵지 않을까요?

둘째는 정중한 태도예요. 의사소통할 때는 말만 주고받는 게 아니에요. 말투, 표정, 몸짓 등이 말의 내용과 함께 어우러져요. 예를 들어 상대의 눈을 보며 대화를 나누는 것은 '나는 네 이야기에 집중하고 있다'라는 메시지를 보내는 거예요. 차선을 변경할 때는 방향 지시등을 켜서 주변 차량에 신호를 보내 주죠. 만약 그렇게 하지 않고 무작정 차선을 바꾼다면 놀란 뒤차가 경적을 크게 울릴 수도 있지 않을까요? 미리 깜빡이를 켜고 서서히 차선을 변경해야 해요. 동의를 구할 때도 상대에 대한 존중과 예의를 갖추고 정중하게 물어야 해요.

한국 사회에서 예절은 아이가 어른에게, 자식이 부모에게, 학생이 교사에게, 후배가 선배에게, 직원이 사장에게 지켜야 하는 일방적 규범에 가까운 게 사실이에요. 하지만 진정한 예절이란 위아래와 상관없이 지켜져야 해요. 정중하고 친절한 태도가 중요한 이유는 제대로 동의를 구하기 위해서예요. 동의는 대등한 관계에서 어떠한 압력도 없이 이뤄져야 하거든요. 강요하거나 윽박지르는 등 압박을 가하면 상대가 자유롭게 판단하기 어려워요.

셋째는 상대를 귀찮게 하지 않는 태도예요. 독촉, 거듭된 요청, 조르고 애걸하는 행동 등은 삼가야 해요. "아이고, 알았어, 알았어. 들어줄 테니까 이제 그만해." 상대가 이런 태도를 보인다면 그건 제대로 된 '동의 구하기'가 아니에요. 진심은 원하지 않는데 너무 귀찮아서 억지로 응하는 거니까요.

이렇게 동의를 얻어 내면 나중에 마찰이 생길 수 있어요. 이를테면 일이 잘못됐을 때 "너 때문이다" "네가 억지로 시켜서 이렇게 됐다" 같은 원망을 살 수도 있어요. 원망을 듣는 쪽에서는 상대가 동의해 놓고 엉뚱한 소리를 한다고 되레 화를 낼 수도 있고요.

참된 동의의 조건

제대로 된 '동의 구하기'란 무엇일까요? 딱 다섯 가지만 기억하면 돼요. 첫째 확실하고 분명한 동의, 둘째 깨어 있는 상태,

셋째 자유로운 상태, 넷째 매번 동의 구하기, 다섯째 번복 가능성이에요. 앞 글자만 따서 '확/깨/자/매/번'이에요.

첫째는 확실하고 분명한 동의 의사예요. 말이든 행동이든 동의 여부를 명확하게 표현하는 것이 좋아요. 말로 하는 동의는 쉽게 이해할 수 있어요. 행동으로 하는 동의는 손으로 'OK' 표시하기, 고개를 끄덕이기, 문서에 서명하기, 온라인상에서 약관 동의에 체크하기, 주사를 맞기 위해 바지를 내리기 등이에요. 동의를 요청하는 사람은 상대의 모호한 표현이나 불확실한 반응을 동의로 단정해선 안 돼요.

둘째는 깨어 있는 상태예요. 동의하기 전에 동의하는 대상이 무엇인지 등 모든 정보를 똑똑히 알고 있어야 해요. 술에 취했거나 약물, 수면제 등을 복용해서 정신이 혼미한 상태에서 한 말이나 행동은 동의로 인정되지 않아요. 이를 법률상 '심신(心神) 상실'이라고 해요. 마음이나 정신의 장애로 인하여 판단력을 잃은 상태를 뜻해요. 다시 말해, 또렷한 의식으로 사물을 판단하지 못하는 상태예요.

셋째는 회유, 강요, 강압, 협박 등 판단을 방해하는 요소가 없는, 자유로운 상태예요. 다시 말해, 자유로운 상황에서 차분하고 이성적으로 판단할 수 있어야 해요. 이성적이란 말은 상황을 냉정하고 충분하게 생각할 수 있는 상태를 말해요. 기폭

장치를 손에 든 은행 강도가 금고 문을 열지 않으면 건물을 통째로 날려 버리겠대요. 자, 이런 상황에서 선택의 여지가 있겠어요? 이처럼 폭력적 상황, 강요나 협박이 있는 경우, 판단력이 떨어진 상태에서의 동의는 진짜 동의가 아니에요.

강요나 협박은 말과 행동, 즉 폭력 없이도 이뤄질 수 있어요. 경제적인 불이익이든, 직장에서 승진과 업무 평가상의 불이익이든, 학교에서 성적 평가의 불이익이든, 어떤 불이익을 볼모로 내세워 동의를 구하는 건 강요예요. 또, 동의를 철회할 때도 불이익이 없어야 해요. 동의 거부에 따른 불이익이 없어야 자유롭게 동의를 철회할 수 있어요. 동의 철회 가능성이 보장되어야 진짜 자유로운 상황이에요.

넷째는 한 번이 아니라 매번 동의를 구해야 한다는 거예요. 키스나 애무 등에 동의하면 성관계에도 동의한 것으로 오해하는 사람들이 있지만, 이는 분명히 잘못된 생각이에요. 키스에 동의했다고 자동으로 그다음 행위에 동의한 건 아니에요. 또한, 어제 키스했다고 오늘도 내 마음대로 키스할 수 있는 것도 아니에요.

'한 번 동의를 구했는데 왜 다시 구해야 할까?' 그렇게 생각하는 사람도 있을 거예요. 친구가 급하게 통화를 해야 한다며 휴대폰을 빌려 달라고 했어요. 그래서 줬어요. 동의를 해 준

거지요? 그런데 친구가 통화를 끝내고 나서는 내 휴대폰의 사진첩을 마음대로 뒤져 보는 거예요. 휴대폰을 쓰는 데 동의했으니까 괜찮은 걸까요? 그렇지 않아요. 내가 허락한 건 '전화 통화' 같은 기본적인 기능 사용에 동의한 것이지 내 휴대폰 속을 보라고 한 건 아니잖아요? 내가 찍은 사진을 보고 싶다면 다시 동의를 구해야겠지요.

다섯째는 번복할 권리, 거절할 권리의 보장이에요. 거절할 권리는 동의를 요청하는 처음부터 동의가 이루어진 후까지 유지돼야 해요. 동의는 순간의 의견일 뿐 언제든 바뀔 수 있어요. 항상 자유롭게 "싫어요"라고 말할 수 있어야 해요. "싫어요(거절)"를 자유롭게 말할 수 없다면 "좋아요(동의)"는 진심이 아닐 수 있어요.

동의는 언제든 철회할 수 있어요. 물건도 사겠다는 의사를 번복할 수 있잖아요? 반품이나 환불 등은 법적으로 보장되는 소비자의 권리예요. 환자라면 예약된 시술이나 처치 등 치료가 시작된 이후라도 이를 중단하거나 거부할 수 있어요. 마음을 바꾸는 건 내 자유예요. 소비자의 권리처럼 법으로 정해진 건 아니지만, 우리에게는 거절할 권리가 있어요.

상대 입장에서 동의 구하기

같은 말도 내 입장에서 할 수 있고 상대 입장에서 할 수 있어요. "이거 줄까?"는 내 입장에서 하는 말이고, "이거 가질래?"는 상대 입장에서 하는 말이에요. 경영학자 피터 드러커는 "내가 무슨 말을 했느냐가 중요한 게 아니라 상대방이 무슨 말을 들었느냐가 중요하다"라고 했어요. 참된 동의의 조건을 종합해 보면 결국 상대 입장에서 동의를 구해야 한다는 걸 알 수 있어요. 그러려면 어떻게 해야 할까요?

첫째로, 상대 입장에서 물어야 해요. 내가 상대에게 요구하는 바를 정확하게 물을 필요가 있어요. 상대가 확실히 알 수 있도록 말이에요. 이때는 상대의 상황도 고려 대상이에요. 상대가 또렷한 의식으로 답할 수 있는 상태여야 해요. 술이나 약에 취해 있다면 또렷한 의식이라고 보기 어려워요. 동의받아야 할 사항에 대한 충분한 정보를 제공해야 하고요. 정보 제공은 개인적인 동의를 구하는 경우보다는 계약이나 의료 행위 등에 있어서 매우 중요해요. 병원에서 쓰는 말 중에 'informed consent'라는 게 있어요. 보통은 '사전 동의'로 번역하는데, 충분한 설명을 듣고(informed) 동의(consent) 절차를 밟는다는 뜻이에요. 앞서 살핀 보건 의료 기본법 제12조를 떠올려 보면 이해하기 쉬워요.

둘째로, 상대 입장에서 판단해야 해요. 상대에게 동의 여부를 물었지만 상대가 의사 표시를 확실하게 하지 않는 경우가 있어요. 예를 들어 침묵, 어색한 웃음, 머뭇거리는 태도 등이지요. "잘 모르겠다"라는 말도 있어요. 이런 경우는 과연 동의일까요, 거절일까요? 거절인데, 거절 의사를 표현하지 못한 것뿐이에요. 이유는 여럿이에요. 거절이 상대에게 상처가 될까 봐서, 거절 때문에 관계가 틀어질까 봐서, 그동안 상대가 잘해 준 게 미안해서 등 다양한 이유가 있을 수 있어요. 상대를 모질게 대하지 못하는, 인간적 호의의 표현이에요.

그런 호의를 동의, 그것도 성관계 동의라고 여기는 건 아주 큰 착각이에요. 영화 〈부당거래〉(2010)에 나오는 "호의가 계속되면 권리인 줄 알아요"라는 대사처럼 상대의 호의가 상대에게 함부로 해도 된다는 의미는 결코 아니에요. 한국성폭력 상담소는 새로운 성 문화 이정표로서 「적극적 합의를 시작할 때」라는 가이드라인을 발표했어요. '적극적 합의'란 상호 성적 행위를 할 때 "명시적으로, 의식이 있을 때, 충분한 정보와 이해를 바탕으로, 평등하게, 모든 과정에서 항상"[5] 이루어지는 합의라고 정의했어요. 여기서 합의는 동의와 같은 뜻이라고 보면 돼요.

동의만 받으면 다 될까?

변학도의 잘못

변학도는 남원 사또로 부임하고서 기생 점고에 나섭니다. 기생 점고는 기생들을 불러 놓고 한 명씩 확인하는 절차예요. 그런데 춘향이 기생 점고에 불참하자 변학도는 춘향에게 수청을 들 것을 명해요. 수청은 기생이 벼슬아치에게 몸을 바쳐 시중을 들던 일이에요. 춘향은 '불사이군'을 들먹여 사또의 심기를 건드려요. 불사이군(不事二君)이란 두 임금을 섬기지 않는다는 뜻이에요. 변 사또는 춘향의 말에 열 받아서 "허어, 이년 잡아들여라!"라고 명령을 내려요. 춘향에게 적용된 죄명은 '모반 대역죄'였어요. 모반 대역은 왕실이나 정부를 뒤엎고자 하는 큰 역적 행위를 뜻해요.

"수청을 들겠느냐?"라고 묻는 건 동의 구하기가 아니에요. 변학도의 행위는 몇 가지 점에서 문제가 돼요. 첫째는 수청을 강요했다는 점이고, 둘째는 자기 지위를 이용해 협박했다는 점이에요. 변학도는 춘향을 억지로 관아로 끌고 와서는 옥에 가두고 매질해요. 부당한 요구를 계속한 거예요. 피지배자의 성적 자기 결정권을 존중하지 않는 권력자의 억압적인 태도를 엿볼 수 있어요.

설사 춘향이 동의하고 수청을 들었다 해도 문제가 있어요. 춘향이 모진 고문에 못 이겨 수청을 허락했다면 그건 동의일까요, 아닐까요? 부당한 요구에 억지로 동의하는 것을 '강제적 동의'라고 해요. 강제적 동의는 동의로 인정되지 않아요. 자발적 동의만이 진짜 동의예요. 캐나다 온타리오 법원의 마빈 주커 판사는 "동의는 자발적인 것이지, 두려움이나 위협에 의한 것이 아니다(Consent is voluntary, not procured by fear or threats)"[6]라고 말했어요. 약점을 빌미로, 또는 불이익을 내세워 억지로 동의를 이끌어 내는 것은 강요예요. 동의 구하기는 서로 동등할 때 가능해요. 동등한 힘이 없더라도 강자가 약자를 충분히 존중할 때 성립해요.

권력의 차이가 범죄를 낳는다

최상희의 단편 소설 「B의 세상」에서 학생 B는 교사 A의 성폭력을 고발해요. B는 A가 자신에게 저지른 '17개의 욕설, 39건의 언어 학대, 11건의 성희롱'의 내용을 담은 고발문을 학교 홈페이지에 익명으로 게시해요. B는 얼마 뒤에 또 다른 고발문을 올리는데요. 이번에는 구체적인 정황이나 횟수를 적는 대신 이렇게 말해요. "A의 요구를 B는 거부할 수 없었습니다. A는 B의 미래를 손에 쥐고 있었기 때문입니다."[7]

외모 평가와 언어폭력, 원치 않는 신체 접촉에도 불구하고 학생들은 "선생님이 무안해하지 않도록" 참고 또 참았어요. 참기만 한 게 아니라 스스로를 설득해야 했어요. 교사의 말은 그저 '농담'에 불과했다고, 학생과의 관계를 부드럽게 하기 위한 교사의 '선의'였다고요. 교사가 학생의 미래를 좌우할 수 있는 현실에서 그래야만 학생들은 차질 없이 미래로 나아갈 수 있으니까요.

교사와 학생의 관계처럼 힘 있는 사람은 힘없는 사람의 경계를 함부로 침범해요. 대부분의 관계에 적용되는 얘기예요. 반대의 경우는 드물어요. 술에 취했다고 회사 대표에게 함부로 말하는 직원은 없고, 회식 자리에서 학교 이사장의 딸을 더듬는 교장은 없어요. 조직 내에서 발생하는 성희롱·성추행 등은 대개 상급자가 하급자의 사적 경계를 침해하는 경우일 때가 많아요. 또한 경계 침범을 당한 하급자가 불쾌함을 표현하거나 문제를 제기할 수 없는 조직 문화와 깊은 관련이 있어요. 「직장 내 성희롱 예방 정책의 효과성」이라는 논문에 따르면, 조직 내 차별이 심하고 조직 내 여성 비율이 낮으며 나이가 어릴수록 성희롱 피해가 증가해요. 직장 상사와 부하 직원, 정규직 사원과 계약직·인턴사원 사이에 경계 침범이 잦아요.[8] 한국성폭력상담소가 발표한 「2022년 한국성폭력상담소 상담 통계 및 상담 동향 분석」에 따르면 성인(20세 이상)의 경우 직장 관계에 있는 사람에 의한 피해가 21.5%로 가장 높은 비중을 차지했어요. 그중 대부분의 가해자는 상사와 고용주예요.[9] 조직 내 성희롱과 성추행은 위계질서나 권력관계를 기반으로 해요. 위계질서란 상하 관계에서 생기는 지배와 복종의 질서예요.

직장 내 성희롱 중에서 가장 많은 사례가 뭘까요? 이은의 변호사는 『불편할 준비』에서 '사랑 고백'이라고 얘기해요. 친밀감과 성적 욕구는 전혀 달라요. 인간관계에서 그 둘을 엄격히 구분하지 못할 때 성희롱 같은 성폭력이 벌어지게 돼요. 상사가 계약직 직원에게 "너도 내 마음 알지?"라고 말하면 '내가 너를 좋아한다'는 사랑 고백이 아니라 '날 거절하면 계속 일할 수 없다'라는 협박으로 들릴 거예요.

그런데 갑의 위치에 있는 사람은 분명한 거절이 없으면 동의라고 착각해요. 예를 들어 상대도 내게 관심이 있다는 생각에 넌지시 상대 손을 잡았는데 상대가 손을 빼지 않는다고 해보죠. 그러면 상대도 내게 호감이 있다고 여기며 더 적극적으로 대시해요. 상대의 반응이 자신의 지위에서 나왔다는 사실을 알아채지 못하고 자기에게 호감이나 관심이 있는 걸로 착각하는 거예요. 그러나 당하는 사람이 행위자보다 지위가 낮다면 손을 뿌리치기 쉽지 않겠지요. 손을 바로 뺐을 때 불이익이 예상되니까요. 앞에서 지적했듯이 동의는 수평적 관계에서 가능해요. 비록 현실적으로 힘의 차이가 있더라도 동의를 구할 때만은 수평적 관계를 지향해야 해요.

권력형 성범죄, 위력 성폭력

많은 사람이 성폭력범이 성범죄를 저지를 때 폭력을 사용한다고 생각해요. 언론에서 잔인하고 끔찍한 사건만을 성폭력 범죄로 보도하기 때문에 그런 오해가 생기는 것 같아요. 하지만 가해자가 친숙한 사람이거나, 폭력적인 수단을 사용하지 않는 경우가 훨씬 많아요. 특히 우월적 지위, 다시 말해 권력의 차이를 이용해서 성폭력을 저지르는 경우가 그렇지요. 이를 '권력형 성폭력'이라고 불러요.

성폭력 중에 '위력 성폭력'이 있어요. 상대의 의사를 제압할 만큼 강력한 힘을 위력(威力)이라고 해요. 이 위력은 물리력을 포함해서 행위자의 사회적·경제적·정치적 지위나 권세 등에서 나오는 권력을 포함해요. 그러니까 유·무형의 힘이에요.

권력을 가진 사람에 맞설 수 없는 상황과 분위기 탓에 피해자는 거부하지 못해요. 그 관계가 좋아서가 결코 아니에요. 사회적·경제적·정신적·신체적 손해를 입을지 모른다고 생각하기 때문이에요. 권력자는 절대적인 영향력으로 피해자가 주체적으로 생각할 수 없도록 막고 아무것도 할 수 없다는 무력감을 심어 줘요. 피해자의 침묵은 그 속에서 발생해요.

성추행을 넘어서 성폭행도 마찬가지예요. 자신을 성폭행한 사람이 평소에 믿고 따르며 존경하던 인물이라면 더더욱 거절하기 어려워요. 가해자가 마음속 우상이라면 자기가 당한 일을 성폭행으로 생각하기 어렵거든요. 흉악한 사람이 강간을 저지른다는 통념이 마음속에 있었다면 평소 존경했던 인물을 짐승 같은 강간범으로 생각할 수 있을까요? 쉽지 않을 거예요.

설사 피해자가 말로 동의를 표했더라도 진짜 동의라고 말하기 어려워요. 위력 성폭력이라는 표현처럼 권력관계에 따른 것이니까요. 그리고 힘의 차이가 큰 경우에 가해자는 굳이 동의를 구하지도 않아요. "오늘 집에 안 들어가도 되지?"처럼 일방적인 통보에 가까운 언어를 쓰는 경우가 많아요.

위계에 의한 성폭력은 특별히 가해자의 성적 욕구가 강해서 발생하는 '욕구'의 문제가 아니라 특수한 상황에서 성적 욕구를 억누르지 않아서 발생하는 '권력'의 문제예요.[10] 그러나 위력을 가진 사람은 대개 자기 위력을 망각해요. 상대가 자신의 행위를 거부하지 않는 이유를 '상대도 원해서'라고 착각해 버리죠. 힘을 가진 사람은 타인과의 관계에서 별다른 불편함을 느끼지 않아요. 상대방의 생각이나 기분 등을 전혀 신경 쓰지 않아도 되는 거예요. 권력형 성범죄에서 가해자가 협박이나 물리적 폭력을 쓰지 않았으니 성폭력이 아니라 합의하에 이뤄진 성관계라고 믿는 이유예요.

앞서 위계질서를 다루면서 살펴본 관계들 있지요? 직장 상사와 부하 직원, 교수와 학생 사이에는 위력이 존재해요. 회사 대표와 비서, 교회 목사와 신도, 상담자와 내담자, 대학교 총장과 직원, 극단 운영자와 배우 사이도 마찬가지예요. 이 관계들은 법원에서 위력 성폭력으로 인정된 사례 중 일부예요. 성폭력은 힘의 차이를 이용해서 상대방의 성적 자기 결정권을 침해하는 행위예요. 친구 사이, 선후배 사이에도 일어날 수 있어요. 상대가 그만하라고 했을 때 멈추지 않거나 누구에게나 할 수 있는 행동이 아니라면 성폭력이 될 수 있다는 사실을 명심합시다.

성폭력 생각해 보기
— 의제 강간

『춘향전』에서 변학도의 태도는 지금 관점에서 보면 두 가지 문제가 있어요. 하나는 앞서 살핀 대로 힘으로 동의를 얻으려고 했다는 점이고요. 다른 하나는 나이예요. 춘향은 본인을 소개하면서 "성은 성(成)가이옵고 나이는 16세로소이다"라고 말합니다. 만으로는 15세겠지요. 오늘날이었다면 이 부분도 문제가 돼요. 미성년자 의제 강간죄가 되거든요.

먼저 강간은 폭행이나 협박 등 불법적인 수단을 써서 억지로 성관계하는 걸 뜻해요. '의제(擬制)'라는 말은 행위의 성격은 다르지만 법률로 다룰 때는 같은 것으로 간주해 동일한 효과를 준다는 뜻이에요. 그러니까 의제 강간죄는 엄밀히 말하면 강간죄와는 성격이 다르지만 강간죄로 보고 처벌한다는 의미예요. 협박 또는 폭행, 위계 또는 위력의 수단을 동반하지 않더라도 성인과 미성년자의 성관계는 강간이 될 수 있어요.

예를 들면 성인이 미성년자와 합의하에 성관계를 하더라도 그 성인을 강간죄로 처벌할 수 있어요. 즉, 미성년자가 성관계에 동의했더라도 그 동의를 제대로 된 동의로 여기지 않는 거예요. 의제 강간죄는 성인에 비해 경험과 지식이 상대적으로 부족한 미성년자를 보호하기 위한 법률이에요. 아동·청소년은 성행위를 거부하거나 저항하는 것이 어려운 상황에 놓일 수 있기 때문에 더 적극적인 보호가 필요하다는 거죠.

'미성년자 의제 강간죄'의 기준 연령이 바뀌었어요. 기존에는 만 13세 미만이 대상이었는데요. 2020년 4월, 형법 제305조 미성년자 의제 강간죄의 기준 연령을 만 16세 미만으로 올렸어요. 보호 대상의 범위를 더 넓힌 거죠. 이제는 동의가 있었다 하더라도 성인이 만 16세 미만의 청소년이나 어린이와 성관계를 맺으면 처벌받을 수 있어요.

어린이나 청소년 등이 미성숙해서 권리를 제한한다는 의미는 아니에요. 성관계를 한 미성년자는 처벌받지 않아요. 미성년자는 피해를 당한 피해자니까요. 피해자를 처벌하진 않겠지요? 참고로, 미성년자끼리 서로 합의하에 성관계를 가져도 처벌하지 않아요. 미성년자도 성적 권리가 있기 때문이에요.

2019년 2월, 유엔아동권리위원회(CRC)는 「아동 매매, 아동 성매매 및 아동 음란물에 관한 유엔아동권리협약 선택의정서 이행을 위한 가이드라인 초안」을 채택했어요. 각국이 성폭력으로부터 아동을 보호하는 국제적 약속을 잘 지킬 수 있도록 하는 가이드라인이었어요. 가이드라인은 아동이 성매매·성 착취·성 학대 등에 '동의'했더라도 그것을 동의로 인정하지 않는다고 명시했어요. 아동을 보호하기 위한 조치였지요.

그런데 유엔아동권리위원회는 이런 규정이 아동의 성적 자기 결정권을 침해하지 않는다고도 분명히 했어요. 성 착취나 성 학대 상황에서 아동의 동의는 무효이지만, 아동도 자신의 의사와 합의에 따라 성적 활동을 자유롭게 할 권리가 있다는 의미예요. 세계 인권 선언은 "모든 사람은 자유로운 존재로 태어났고, 똑같은 존엄과 권리를 가진다"라고 시작해요. 주어를 잘 보세요. '모든 성인'이 아니라 '모든 사람'이지요. 어린이든 청소년이든 누구나 똑같은 권리를 누릴 수 있다는 뜻이에요.

3장

거절을
받아들이는
방법

무엇이 거절을
어렵게 하나?

예스 맨은 괴로워

영화 〈예스 맨〉(2008)의 주인공 칼(짐 캐리)은 매사에 부정적인 남자예요. 그런 그가 친구의 권유로 '예스 맨 강연'에 가게 되고 거기서 얼떨결에 '예스 맨 서약'을 하면서 모든 일에 예스라고 답하는 사람이 돼요. 이후 칼의 삶에 좋은 일들이 계속 일어나요. 문제는 정말 원하지 않는 일에도 예스를 남발하다 보니까 범죄자로 몰리게 되고 여자 친구와도 헤어질 위기에 처하게 돼요. 영화는 무조건 예스라고 말하는 게 아니라 정말 원할 때 진심을 담아서 예스를 말해야 한다고 이야기해요.

2018년 『조선일보』가 전국 성인 남녀 1036명을 대상으로 조사한 결과, 72%가 일상생활에서 거절하는 데 어려움을 겪는 것으로 드러났어요. '반드시 거절해야 할 땐 어떻게 하는가?'라는 질문에 36%만이 '이유를 들어 거절한다'라고 답했어요. 대부분은 '거짓말로 핑곗거리를 만든다'(31%) '말끝을 흐린다'(17%) '상대가 부탁하기 전에 선수 친다'(9%) '아무런 대답도 하지 않는다'(7%) 등 소극적인 회피 전략을 택했어요.[1]

누구에게나 거절은 쉽지 않은 숙제예요. 부담스러운 부탁인데도 단호하게 거절하지 못하는 경우가 있을 거예요. 상대가 실망할까, 상대와 갈등하게 될까, 상대에게 이기적으로 보일까 두렵기 때문에 거절이 어려워요. 상대를 실망시키고 싶지 않은 마음은 누구나 조금씩 있어요. 문제는 그런 마음이 너무 큰 사람들이에요. 그런 사람들은 타인의 부탁을 거절하지 못하고 온갖 부탁을 다 받아 주며 살아요. "다시 열네 살로 돌아간다면 열네 살의 자신에게 무슨 말을 해 주고 싶나요?"라는 질문을 받은 미국 배우 제인 폰다는 열네 살의 자신을 만나면 "It's good to say 'No'"라고 말해 주고 싶다고 답해요.[2] '아니오'라고 말해도 괜찮다는 거예요.

심리적 이유

어렸을 때 장난감을 두고 형제자매와 싸우다 부모님에게 혼난 경험이 있을 거예요. 그렇게 혼나면서 우리는 부모님을 비롯한 어른 말씀을 잘 들어야 한다고 배워요. 부모님의 말을 잘 들어야 칭찬과 보상을 받을 수 있죠. "울면 안 돼. 울면 안 돼. 산타 할아버지는 우는 애들에겐 선물을 안 주신대"라는 어릴 때 불렀던 캐럴의 가사처럼요. 사랑받고 싶은 아이는 부모님의 말에 무조건 "네"라고 대답하죠. 어린 시절부터 효도나 예절이라는 이름으로 위계질서를 자연스럽게 익혀요.

부모님에게 "아니요" "싫어요"라고 말하지 못하고 자란 아이는 커서도 거절 의사를 잘 표현하지 못해요. 학교에서는 선생님에게, 직장에서는 상사에게 자기 의견을 솔직하고 당당하게 말하지 못할 가능성이 커요. 심지어 상대가 나의 경계를 침범하는 경우에도 거부하지 못할 수 있어요.

타인의 평가, 특히 착한 사람이라는 평가를 유독 중시하는 사람들이 있어요. 심리학에서는 이를 '착한 아이 콤플렉스'라고 불러요. 어릴 때 어른의 말을 잘 들으면 칭찬을, 듣지 않으면 꾸중을 듣게 되죠. 그게 반복되면 아이는 어른의 부탁을 잘 들어주면 '착한 사람'이라는 인정과 사랑을 받을 거라고 생각해요.

착하기만 한 게 무조건 좋은 건 아니에요. '착한 아이'는 권위 있는 누군가의 요구에 맞춰서 자기 속마음을 숨기는 아이일 수 있어요. 내면의 목소리를 억누른다는 뜻이죠. 그런 점에서 착하다는 건 권위에 복종하는 태도에 가까울 수 있어요. 독일 철학자 니체는 『권력에의 의지』에서 "착한 사람들은 모두 약하다. 나쁜 사람이 될 수 있을 만큼 강하지 않기 때문에 그들은 착한 사람인 것이다"[3]라고 말했어요. 니체는 사람들이 약함을 선함으로 포장하고 합리화한다고 비판한 거예요. 잘못된 것을 잘못됐다고 떳떳하게 말하려면 먼저 강해져야 하지 않을까요?

선생님과 부모님의 말이 다 맞는 것도 아니에요. 그러니 무조건 "네, 네" 할 필요는 없어요. 떼를 쓰거나 억지를 부리라는 뜻이 아니에요. 그분들 말에 동의하기 어렵다면 타당한 이유를 들어 정중하게 거절하자는 거예요. 거절 자체가 무례한 건 아니에요. 예절을 지켜 거절하면 돼요. "하고 싶지 않아요" "제 생각은 달라요"와 같은 말을 하고 싶을 때 두려움 없이 할 수 있어야 해요.

친구의 부탁을 거절하기 힘든 이유 중 하나는 관계가 소원해질까 두려운 마음 때문이에요. 심리학에선 이러한 성향을 '버림받는 것에 대한 두려움'으로 설명하기도 해요. 하지만 친구의 요구를 거절한다고 해서 친구와 멀어진다거나 사이가 나빠지는 것은 아닙니다. 물론 친구가 급하고 절실하게 여러 번 도움을 청하는데, 매정하게 한 번도 들어주지 않는다면 멀어질 수 있겠죠. 항상 거절만 해서는 인간관계를 유지하기 어렵지만, 가끔 거절한다고 해서 사이가 틀어질 일은 없어요.

부탁을 거절했다고 멀리하는 친구가 있다면 그 친구는 좋은 친구가 아닐 수 있어요. 또 매번 어려운 부탁만 하는 친구도 좋은 친구가 아닐 수 있지요. 상대가 꺼리는데도 무언가를 계속 요구하거나 강요하는 건 상대를 존중하지 않는 태도예요. 그런 친구와는 헤어지는 걸 두려워할 필요가 없어요. 좋은 친구는 상대의 감정과 생각을 잘 살펴 상대를 배려하고 아껴줘요.

타인의 인정을 받으려고 자기 본심을 억누르다 보면 어떻게 될까요? 나중에는 내키지 않는 일도 남을 위해서 꾹 참고 하게 돼요. 착한 아이, 착한 여자, 착한 남자라는 인정 때문에 자기 본심을 억누르는 거예요. 그런 행동이 되풀이되면 마음의 병이 생길 수 있어요. 화병이지요. 화병은 분하고 억울한 일을 당해서 생기기도 하지만 싫은 걸 싫다고 말하지 못해서 생기기도 해요.

구조적 측면

거절하지 못하는 건 심리적 원인도 있지만, 사회적 이유도 커요. 앞서 살핀 위계질서에 따른 관계를 들 수 있어요. 예를 들면 직장에서 동료끼리는 거절하는 게 어렵지 않지만 고용주나 상사의 요구는 거절이 상대적으로 곤란하기 마련이에요. 상사와 부하의 엄격한 상하 관계가 업무에 관한 지시를 넘어서 차 심부름, 책상 정리, 식사 준비, 지극히 개인적인 일 처리 등의 부당한 요구를 가능하게 만들기도 해요.

부하 직원이 정당하게 반박하며 거부하면 '예의 없는 놈'으로 몰리기 십상이에요. "개념 없다" "무례하다" "자기밖에 모른다"라는 비난을 들어야 하죠. 어떤 요구든 옳고 그름을 따지지 않고 따라야 '예의 바른 사람'이 되곤 해요. 위계가 엄격한 조직에서 부당한 일들이 아무렇지 않게 벌어지는 이유예요. 아랫사람은 윗사람의 부당한 요구를 순순히 따라야 하지만, 윗사람은 아랫사람의 정당한 항의를 비난하거나 무시합니다.

1961년 예일 대학의 스탠리 밀그램이 진행한 실험이 있어요. 밀그램은 사람들이 파괴적인 복종에 굴복하는 이유가 성격보다 상황에 있다고 생각했어요. 실험은 바로 이 지점에서 시작됐어요. 밀그램은 실험 참가자들을 교사와 학생 역할로 구분했어요. 교사는 학생에게 한 쌍의 단어를 기억하게 하고 학생이 오답을 말할 때마다 전기 충격을 가해야 했어요. 전기 충격은 15볼트씩 단계적으로 높아져 최대 450볼트까지 이를 수 있었죠. 실험 참가자 중 무려 65%가 450볼트까지 전압을 높였어요. 그리고 실험 참가자 전원이 300볼트까지 전압을 올렸고요. 실험이 진행되는 동안 실험 관리자는 교사 역할 참가자 옆에 앉아 "걱정 말고 계속하세요. 책임은 내가 집니다"라고 말하며 전기 충격을 독려했어요. 실험 관리자는 일종의 권위자 역할을 맡고 있었어요. 교사 역할을 맡은 참가자는 처음 15볼트에선 벽 너머에서 들리는 가벼운 비명 소리에 키득키득 웃었어요. 그러다 전압이 90볼트를 넘어가면서 이상하다는 표정을 지었죠. 150볼트가 넘어가면서 대부분의 실험 참가자가 못하겠다고 말했지만, 실험 관리자는 차가운 목소리로 계속하라고 독려했어요.

심리 실험에 불과하지 않느냐고요? 그렇지 않아요. 비슷한 사례를 가지고 만든 영화가 있어요. 〈컴플라이언스〉(2013)입니다. 어느 날 식당으로 경찰의 전화가 걸려 와요. 경찰은 식당 종업원이 손님의 돈을 훔쳤다면서 식당 매니저에게 이상한 지시를 내려요. 미성년자인 여성 종업원을 상대로 변태적인 행동을 시키죠. 매니저는 말도 안 되는 경찰 지시를 따라요. 그런데 실제로 경찰은 없었어요. 누군가가 전화로 못된 장난을 친 거예요. 어이없는 사건이죠? 사람들은 전화 한 통에 왜 그런 행동을 했을까요? 위력 성폭력에서 보았듯 권력관계가 황당한 요구조차 거절할 수 없게 만들기 때문이에요.

게다가 위계질서는 하나만 있는 게 아니에요. 어느 집단이든 위계질서가 복잡하게 얽혀 있어요. 이를테면 사제지간은 교사와 학생이라는 신분적 위계도 있지만 성인과 미성년자라는 연령에 따른 위계도 있어요. 위계질서가 중층적으로 얽혀 있을수록 아랫사람은 윗사람의 요구를 거절하기 어려워요. 게다가 교사는 학생에게 벌점을 부과하거나 성적을 주는 권력도 가지고 있죠. 상황이 이렇다 보니 들어주기 어려운 요구를 교사가 해도 학생은 거절하기 쉽지 않아요. 위계질서가 강한 사회일수록 개인적인 거절은 물론이고 사회적인 문제 제기도 어려워요. 문제 제기가 막힌 조직은 계속 문제가 발생할 수밖에 없어요.

과제 분리

세계적인 부호 워런 버핏은 "'아니오'라고 말하는 것을 두려워하지 말라"라고 했어요. "거절 뒤에 찾아오는 찰나의 불편함을 문제없이 견뎌야 한다"라고도 했고요. 찰나의 불편함을 견

더야만 원하는 삶을 살 수 있어요. 무조건 동의하고 수긍하는 사람은 쫓기듯 살 수밖에 없어요. 온갖 부탁을 다 들어주느라 시간과 정력을 쏟아야 하니까요.

시간이든 돈이든 여유가 없는데도 거절하지 못하는 건 결코 선행이 아니에요. 들어주고 금세 후회한다면 자기 감정과 진심을 속인 위선일 수 있거든요. 내 감정과 속마음에 귀 기울이지 않고 그것을 짓밟았다는 점에서 말이에요. 남에게 좋은 사람이 되려다 나에게 나쁜 사람이 될 수 있어요. 다른 사람의 기분을 맞추려다 정작 자신의 마음엔 상처가 쌓여 갈 테니까요. 프랑스 속담 중에 "예의 바른 거절이 무례한 승낙보다 낫다"라는 게 있어요. "지킬 수 없는 약속보다 지금 거절하는 게 낫다"라는 덴마크 속담도 있죠. 거절을 잘해야 나중에 후회하지 않아요.

부탁을 다 들어준다고 남들이 무조건 나를 좋게 평가하는 것도 아니에요. 작가 알랭 드 보통은 "'다른 사람들이 어떻게 생각할까?'에 대한 편집증이 있는 사람들에게: 나를 사랑하는 사람은 극히 소수이며, 단지 약간만 미워할 뿐이며, 거의 대부분의 사람들은 나에 대해 별로 신경 쓰지 않는다는 점을 기억하라"[4]라고 말했어요. 더 중요한 것은 타인에게서 좋은 사람이란 평가를 꼭 받을 필요가 없다는 거예요. 모두와 잘 지내는 사람이 오히려 자기 자신에겐 좋은 사람이 아닐 수도 있거든요.

타인에게 인정받으려는 욕구는 누구에게나 있어요. 남에게서 인정받으면 기분 좋지만, 우리는 타인의 기대를 충족시키기 위해 사는 게 아니에요. 거절을 잘해도 충분히 좋은 사람일 수 있어요. 불행도 행복도 모두 용기의 문제이며 우리가 선택하기에 달린 문제예요.

인정받고 싶은 마음을 버리고 진짜 행복에 이르려면 '과제 분리'가 필요해요. 『미움받을 용기』라는 책에 소개된 방법인데요. 저자 기시미 이치로는 상사나 동료, 부모나 형제자매, 친구나 주위 어른 등 타인의 인정을 받으려고 끊임없이 노력하는 사람이 정작 자신의 자유를 스스로 박탈한다고 진단해요. 남들이 나를 어떻게 볼까 걱정하지 말고, 나에 대한 타인의 생각과 감정은 내가 관여할 수 있는 문제가 아니라 타인의 과제로 보라고 조언해요. 상대의 반응과 감정은 내 책임이 아니고, 오직 자기 감정만 책임지면 된다는 거예요. 마음속에 부담감이 생길 때마다 자기 자신에게 '어디까지 내 과제일까?' 라고 묻는다면 부담감에서 벗어나는 데 도움이 돼요.

세르반테스의 소설 『돈키호테』에서 돈키호테와 산초가 돌아다니다가 어느 양치기 청년의 장례와 맞닥뜨려요. 양치기 청년은 마르셀라라는 아름다운 여성에게 반해 상사병을 앓다 숨을 거두었습니다. 죽은 청년 말고도 여러 남자가 같은 상사병을 앓고 있었어요. 마르셀라는 "그분은 제가 분명히 거절했는데도 단념하지 않으셨고, 제가 증오하지 않았는데도 혼자 절망하신 겁니다. 이래도 그분의 고통이 저의 잘못인가요? 속았다면 불평해도 좋고, 분명히 약속한 희망에 배신당했다면 얼마든지 절망해도 좋습니다"[5]라고 항변해요. 돈키호테는 마르셀라의 말이 옳다고 거들며 원치 않는 구애로 괴롭히는 자는 가만두지 않겠다고 으름장을 놓아요. 마르셀라의 태도는 '과제 분리'를 잘 보여 줍니다.

어떻게
거절할까?

『모비딕』을 쓴 허먼 멜빌의 작품 중에 『필경사 바틀비』라는 소설이 있어요. 필경사는 지금은 사라진 직업인데요, 글씨를 옮겨 적는 일을 직업으로 하는 사람이에요. 처음에는 고분고분 성실하게 필경사로 일하던 주인공 바틀비가 다른 사람들은 당연하게 여기는 모든 일들을 거부하는 내용의 소설입니다. 바틀비를 고용한 변호사가 이상한 걸 요구한 건 아니에요. 서류 검토, 간단한 심부름, 묻는 말에 대한 대답 같은 것들이었죠. 바틀비는 처음에는 업무 지시를 거부하다가 나중에는 교도소에서 식사마저 거부하고 죽음을 맞아요.

소설사에서 바틀비는 독특한 위치를 차지하는 인물이에요. 해야 할 일 앞에서 바틀비는 엉뚱하게도 그렇게 하지 않겠다고 선언해요. 바틀비는 그 어떤 요구에도 "안 하는 편을 택하겠습니다(I would prefer not to)"라고 답해요. 그는 아무것도 하지 않음으로써 자본주의가 원하는 성실하고 고분고분한 인간상을 철저히 거부하죠. 다소 극단적인 면이 있지만, 바틀비의 태도는 거절을 어려워하는 사람들에게 시사하는 바가 커요.

무엇을 거절할까요? 회사의 부당한 지시나 대우, 일방적인 규칙 강요, 내키지 않는 권유와 부탁, 경계를 마음대로 넘어오는 행동 등 내 경계를 침범하는 것을 단호히 거절해야 해요. 동의와 거절의 기준은 다른 게 아니에요. 바로 나 자신이에요. 모든 결정은 나를 중심에 놓고 해야 해요. 자신을 존중하는 결정을 할지, 자신을 무시하는 결정을 할지는 내가 선택해요.

중요한 건 여러분의 생각이에요. 여러분 몸, 마음, 삶의 주인은 여러분이에요. 거절하고 싶을 땐 거절하세요. 최종 결정권자가 여러분이라는 사실을 잊지 마세요. "삶에서 겪는 문제의 절반은 '예'라고 너무 빨리 이야기하고, '아니오'라고 충분히 빠르게 이야기하지 않는 것에서 생긴다." 19세기 미국 유머작가 조시 빌링스가 한 말이에요.

거절할 권리

'나만 손해 본다' '남에게 자주 휘둘린다' '나를 속이며 살고 있다' 같은 생각이 든다면 내가 남에게 거절을 하지 못하는 사람은 아닌지 진지하게 고민해 봐야 해요. '나에게 시간이 있나?' '부탁을 들어주면 무엇을 포기해야 하나?' '부탁받은 일을 하다가 후회하거나 스트레스를 받지 않을까?' '부탁한 사람을 원망하지 않을까?' '무엇 때문에 부탁을 수락하려고 하지? 그저 좋은 사람이란 평가를 받고 싶은 건가?' 부탁을 수락하기 전에 던져 보아야 할 질문이에요.

싫으면 싫다고 말할 수 있어야 해요. 상대와 친하든 그렇지 않든 말이에요. 교사나 직장 상사가 웃으면서 아무렇지 않게 어깨에 손을 얹는다거나 손목을 잡는 것은 분명한 경계 침범이에요. 동의를 구하지 않고 신체의 경계를 넘어섰으니까요. 그럴 때는 단호하게 거절 의사를 밝혀야 해요. 넷플릭스 드라마 중에 〈래치드〉(2020)라는 작품이 있어요. 주인공 래치드는 주립 병원 간호사로 일해요. 병원 예산을 결정하는 시장이 병원에 방문해 기념사진을 찍는 장면이 있어요. 시장이 옆에 선 래치드의 허리에 손을 얹어요. 그러자 래치드는 단호하게 손을 떼어 내고 태연하게 웃으며 사진을 찍어요. 예산권을 가진 시장 말 한마디면 주립 병원 간호사는 당장 해고될 수 있어요.

그런데도 래치드의 거부 의사는 명확하고 단호해요.

　저명한 작가이자 신경과 전문의인 올리버 색스는 책상 위에 'NO'라고 적은 종이를 항상 붙여 놓았다고 해요. 작가와 의사라는 두 가지 직업에 충실하려면 시간을 빼앗는 제안을 거절해야 한다는 사실을 잊지 않기 위해서예요. 불가리아 출신 문예 비평가 마리아 포포바는 행복에 집중하기 위해서는 '거절의 기술'이 필요하다고 강조해요. "간단하다. 원치 않는 부름에 응답하지 않는 것, 그것이 행복의 본질이다. (중략) 모든 사람에게 답변하지 않는다고 해서 죄책감을 느낄 필요는 없다. 시간을 낭비하기보다는 죄책감을 갖는 게 더 낫다. 그냥 좀 미안해하라. 그러면 되지 않는가? 죄책감은 우리의 특권이다. 우리가 끊임없이 뭔가를 거절해야 하는 이유는 그래야만 삶의 질을 유지할 수 있기 때문이다."[6] 그리스 시인 콘스탄티노스 페트루 카바피스는 "거절하는 자는 후회하지 않는다"[7]라고 했어요.

　거절이 어려운 사람들은 이 점을 기억할 필요가 있어요. 거절해도 가족이나 친구가 나를 싫어하지 않는다는 점이에요. 우리가 거절한 건 들어줄 수 없는 부탁이지 부탁한 사람이 아니니까요.

어떻게 거절하면 좋을까?

동의 구하기에서 살펴본 것처럼 말하기에서 정중한 태도는 매우 중요해요. 중간고사가 끝난 날이에요. 친구가 노래방에 가자고 해요. 그런데 시험을 망쳐서 놀 기분이 아니라면 어떻게 해야 할까요? 솔직하게 내 상황과 감정을 말하면 친구도 이해해 주지 않을까요? "시험을 망쳐서 오늘은 혼자 있고 싶어. 다음에 가자"라는 식으로 말입니다.

냉정하게 말할 필요는 없고 상냥하게 말하면 돼요. 영어에 "It's not what you say, it's how you say it"이라는 표현이 있어요. 무엇을 말하느냐보다 어떻게 말하느냐가 중요하다는 뜻이에요. "3만 원입니다"와 "맛있게 드셨어요? 3만 원입니다"는 사소한 차이 같지만 듣는 이에게는 다르게 들리지요. 마찬가지로 "주문하시겠어요?"보다는 "오래 기다리느라 지루하셨죠? 주문하시겠어요?"라고 말하는 게 훨씬 부드럽고 친절해요. 여러 번 얘기했는데도 상대가 받아들이지 않는다면 그때는 단호하게 말할 수 있겠죠.

거절할 때는 짧은 사과, 거절 의사, 거절할 수밖에 없는 이유 등을 담으면 좋아요. 이유 없는 거절은 상대를 불쾌하게 할 수 있거든요. 또한 솔직할수록 좋아요. 적당히 핑계를 둘러댔는데 상대가 그게 거짓말이라는 사실을 알아차리면 신뢰를

잃게 돼요. 나는 내 상황과 마음을 숨김없이 표현할 권리가 있어요.

연애 관계를 볼까요? 사귀는 친구가 있는데 다른 친구가 고백해 왔어요. 어떻게 거절하면 좋을까요? 단칼에 거절하면 상대에게 상처를 줄 수 있으니 좀 더 현명한 방법이 필요하겠죠. 자신의 상황과 감정을 정직하게 전하면 좋아요. "난 이미 사귀는 사람이 있고, 헤어질 생각이 전혀 없어. 그렇다고 양다리를 걸치고 싶지도 않고. 그래서 네 고백을 받아들이기 어려워. 네가 싫어서가 아니라 내 가치관 때문에 거절하는 거야." 그런데 상대방이 받아들이지 않고 "그 사람과 헤어지면 나랑 만날 수 있지? 그때까지 기다릴게"라며 계속 매달릴 수도 있겠죠. 그럴 때는 어떻게 해야 할까요? "미래에 무슨 일이 일어날지는 아무도 모르는 거잖아. 그러니까 당장 어떤 약속을 해 줄 순 없어. 만일 내가 그 친구와 헤어진다면 그때 감정은 지금과 다를지도 모르지. 그때도 네가 고백한다면 다시 고민해 봐야겠지. 미래의 일에 대해서 지금의 감정 상태로 답할 수는 없잖아"라고 차분하게 설명해 주세요.[8]

그리고 상대방의 감정을 먼저 이해해 주는 게 중요해요. "네 숙제가 급하다는 건 잘 알겠어. 나도 도와주고 싶은데 해야 할 숙제가 너무 많아서 지금은 힘들 것 같아. 다음번에는 시간이 되면 도와줄게. 대신 미리 말해 주면 좋을 것 같아. 이렇게 닥쳐서 급하게 부탁하면 도와주고 싶어도 도와줄 수가 없잖아." 거절하는 말에 고마운 마음을 담아도 좋아요. 저는 "제 책에 관심을 가져 주시고 집필을 요청해 주셔서 진심으로 감사합니다. 다만 일정상 올해 안에는 다른 책을 집필할 수가 없습니다"라는 식으로 거절 메일을 쓰곤 해요.

거절하기 어렵다면 상대에게 조금이라도 도움이 되는 방향으로 절충안을 제시해도 좋아요. "미안하지만 그건 내가 도울 수 없겠어. 그렇지만 이건 해 줄 수 있을 것 같은데, 어때?"처럼요. 앞서 숙제를 도와 달라는 부탁의 경우에 "만약 숙제 제출일이 일주일 후라면 그때는 가능할 것 같은데, 제출일이 언제야?" 또는 "방향에 대해서 같이 고민해 줄 순 있어. 관련된 정보 정도는 찾아 줄 수도 있고"라고 말하면 돼요. 일부라도 도움을 줄 여지를 주거나 실제로 도움을 주니까 거절당하는 상대방도 덜 불쾌하고 배려받는다고 느낄 수 있어요. 이런 방식은 관계를 부드럽게 만들어요. 여러분이 도와줄 여력이 없거나 도와줄 의사가 없다는 사실에서 상대가 느낄 실망감을 덜어 줄 수 있거든요.

강자의 거절

동의를 구하는 자세와 적극성은 사람마다 달라요. 동의를 얼마나 잘 구하는가는 성향이나 가치관에 따라 달라지겠지만, 각자 처한 상황과 처지에 따라 달라지기도 해요. 강자와 약자 중에 누가 더 동의를 잘 구할까요? 약자예요. 거절도 마찬가지예요. 거절은 약자일 때 어렵지 강자가 되면 쉬워져요. 거절이 쉬운 만큼 거절하는 태도 역시 거만해질 수 있어요. 따라서 자신의 태도가 권위적이거나 무례하지 않은지 세심히 살피고 성찰해야 해요.

안녕하세요? 좋은 아침입니다. 김혜자예요. 저는 이제 촬영 끝나고 집에 가는 중입니다. 정신은 맑지만 몸이 무겁네요. (중략) 말실수를 잘해서 본래 인터뷰를 겁내는데 이해해 주세요♡♡♡

잘 지내시지요? 제가요, 좀 아픈 중이에요. 그러니까, 앓고 있어요. 이렇게밖에 답을 못 드려 미안합니다. 저는 좀 못됐나 봐요. 그냥 어느 날 써 주신 기사를 보고 나를 이렇게 써 주시다니, 아 행복해, 아 재미있어, 이러고 싶은가 봐요. 웃기지만 이해는 할 수 있겠다, 해 주시면 감사하겠어요. 건강히 잘 지내세요♡♡♡[9]

중견 배우 김혜자 씨가 인터뷰를 거절하며 보낸 문자 메시지예요. 유명 배우에게 인터뷰를 요청하는 쪽이 상대적으로 약자일 수밖에 없죠. 그런데 김혜자 씨의 거절에는 거만함 같은 게 전혀 안 보여요. 이처럼 강자가 약자의 제의를 거절할 때는 거절의 매너, 거절의 품격을 갖춰야 해요.

특히 입학·입사 등에서 불합격을 통보하는 쪽에서는 불합격자에게 좀 더 주의를 기울여 성의 있게 의사를 전달해야 해요. 통보받는 쪽에서는 인생의 모든 기회를 잃어버린 것처럼 깊은 상실감을 느낄 수 있거든요. 단어 선택 하나하나에도 세심한 배려가 필요해요.

거절하는 이에게는 거절의 윤리와 에티켓이, 거절당하는 이에게는 거절을 현명하게 받아들이고 상실감을 극복하는 자세가 필요해요. '회복 탄력성'이라는 게 있어요. 고난과 어려움에도 꺾이지 않고 다시 회복하는 능력을 말해요. 피할 수 없는 역경을 발판 삼아서 꿋꿋하게 다시 튀어 오르는 능력이에요. 실패했다는 사실은 중요하지 않아요. 중요한 것은 실패를 극복해 내는 지혜예요.

거절을
받아들이는 태도
ㅡ 일반적 거절

치유된 넓적다리뼈

어느 날 문화 인류학자 마거릿 미드는 인류 문명의 첫 번째 지표(sign)가 무엇이냐는 질문을 받았어요. 쉽게 말해, 무엇이 문명 이전과 이후를 갈라놓았느냐는 거예요. 마거릿 미드의 대답은 뜻밖이었어요. 돌도끼나 불의 사용, 농기구나 농사의 시작 등이 아니라 '치유된 넓적다리뼈'라고 답했거든요.[10]

넓적다리뼈라니, 예상 밖의 대답이지요? 마거릿 미드의 설명은 이래요. 약한 놈이 강한 놈에게 먹히는 약육강식의 야생에서 다리가 부러지면 죽음을 피하기 어려워요. 식량 구하기도 포식자로부터 도망가기도 쉽지 않기 때문이에요. 약육강식의 법칙이 지배하는 곳에선 치유된 넓적다리뼈가 발견되지 않아요. 부상당한 사람, 몸이 약한 사람, 장애가 있는 사람을 돌보지 않는 곳에서도 그 뼈는 발견되지 않아요.

치유된 넓적다리뼈가 나온다는 것은 누군가 다리뼈가 부러진 이를 돌봤다는 뜻이에요. 부상자에게 잠자리와 먹을거리를 제공하고 맹수의 공격도 막아 주었을 테지요. 이를 '연민' 또는 '연대'라고 부를 수 있어요. 연민이나 연대를 발휘하려면 누군가는 위험을 감수해야 했을 거예요. 부족한 식량을 나누고, 맹수를 물리치는 일은 그만큼 위험이 따를 테니까요.

선사 시대 때 인류의 생존을 가장 크게 위협한 것은 무엇이었을까요? 맹수? 혹독한 자연환경? 호시탐탐 먹잇감을 노리는 약탈자들? 물론 그런 것들도 위협이었을 거예요. 그러나 가장 큰 위협은 무리에서 쫓겨나는 일이 아니었을까요? 추방당한 사람은 먹이를 구하기도 맹수에 맞서 싸우기도 적으로부터 자신을 지키기도 어려웠을 테니까요. 야생에서는 혼자서 살아갈 수 없었어요.

집단에서 거부당하는 것은 곧 죽음을 의미했어요. 거절당한 존재들, 그러니까 무리에서 쫓겨난 이들은 후손을 남기지 못한 채 죽었을 테죠. 그래서 인류의 유전자에는 집단에 받아

들여지고 소속되기 위해 애쓰며 생존해 온 본능이 남아 있는
게 아닐까요? 우리에게는 거부당하는 것에 대한 본능적인 두
려움이 있는지 몰라요.

거절은 나를 거절한 게 아니다

거절을 받아들이는 데에는 세 가지 유형이 있어요. 분노, 자
책, 수긍이에요. 상대에 대한 분노를 표출하는 유형이 있어요.
마음속으로 '네가 감히' '너 따위가' 등을 되뇌며 거절을 선뜻
받아들이지 않는 유형이에요. 상대가 아닌 자신을 탓하는 유
형도 있어요. 분노가 상대를 향하는 것이라면 자책은 나를 향
해요. 마지막으로 깨끗이 수긍하는 유형이 있어요. 거절이 자
기를 거절한 게 아님을 잘 아는 유형이죠. 앞서 소개한 회복
탄력성이 좋은 사람이기도 하고요.

누구나 거절당하면 상처받고 실망할 수 있어요. 특히 친한
관계에서는 더 그렇지요. 자기가 한 부탁과 자기 자신을 동일
시해서 그래요. 나의 제안 등이 거절당한 것이지만, 그 의견은
나의 일부일 뿐 나 자체는 아니에요. 많은 사람이 오해하는 부
분이지요. 거절은 사람에 대한 거부가 아닐뿐더러 부정이나
비난은 더더욱 아니에요.

예를 들어 어떤 점원이 물건을 팔려고 했는데, 손님이 사기를 거부했어요. 상품이 마음에 들지 않아서 거절했겠지요. 그 물건이 필요 없거나 마음에 들지 않거나 그 물건을 살 여유가 없어서 거절했을 가능성이 높아요. 이처럼 상대가 거절한 것은 나의 제안이나 요구이지 내가 아니에요.

물론 어떤 경우에는 나를 거부한 것처럼 생각될 수 있어요. 예컨대 부모가 어린 자녀에게 스킨십을 하려고 하는데, 자녀가 꺼릴 수도 있어요. 부모 입장에서는 상처가 될 수 있지만 상처받을 이유가 없어요. 왜냐하면 부모도 그런 적이 있을 테니까요. 온종일 바쁘게 일하느라 지치고 피곤한 날은 아이를 안아 줄 마음이 들지 않을 때도 있잖아요. 아이에게도 그런 날이 있는 거예요. 아이라고 부모의 스킨십을 언제나 좋아하는 건 아니에요.

거절을 좋고 나쁨으로 판단할 필요는 없어요. 거절은 그저 하나의 행동으로 보면 돼요. 거절을 나쁘다고 여기면 상대의 거절이 기분 나쁘게 느껴지겠죠. 마찬가지로 타인의 요구를 거절해야 하는 상황에서 나 역시도 섣불리 거절하지 못할 수 있어요. 누구나 거절할 권리가 있어요. 내게도 마찬가지예요.

거절과 성장

거절에 대한 두려움을 이겨 내면 훨씬 더 도전적이고 진취적인 사람이 될 수 있어요. 상대의 의사를 부정적으로 해석하고 안 될 거라고 지레 겁부터 먹으면 결국 아무것도 시도하지 않게 되겠죠. 그러면 실망하거나 상처받는 일은 없겠지만, 시도하지 않음으로써 놓치게 되는 기회나 관계들도 있지 않을까요?

인터넷 매체 『허핑턴 포스트』의 발행인 마리아나 허핑턴은 "나는 36회의 거절과 36회의 수정을 거친 끝에 서른일곱 번째 출판사에서 승낙을 얻었고, 책은 베스트셀러가 되었다. 출판사들의 거절 앞에서 좌절하고 포기했다면 지금의 자리에 오르지 못했을 것이다. 거절은 기회다. 내가 무슨 문제가 있는지, 무엇을 고쳐야 하는지, 방법을 찾게 해 주는 독특한 기회다"[11]라고 했어요. 거절을 상처로 여기면 아무것도 새로 시도하기 어려워요. 거절당해서 느끼는 민망함은 잠깐이지만, 민망함과 두려움을 이겨 내고 시도하면 얻을 수 있는 게 많아요.

조직이나 집단 입장에서도 거절은 중요해요. '땅콩 회항 사건'을 들어 봤나요? 2014년 대한항공 오너(owner) 일가인 부사장이 기내에서 땅콩 제공 서비스를 문제 삼으며 난동을 부렸어요. 출발하는 비행기를 되돌려 수석 승무원(사무장)을 내리게 했어요. 이후 항공사가 사과는커녕 피해자인 사무장과 담당 승무원을 비난하는 입장문을 발표하자 비난 여론이 들끓었죠. 이러한 파장을 예상하지 못했을까요? 충분히 예상할 수 있는 일이죠. 다만 오너 일가에게 이 예상되는 파장을 직언하지 못했을 가능성이 높아요. 오너 일가의 독단을 지적하지 못하고 횡포를 막을 수 없는 사내 분위기가 더 큰 화를 자초했을 거예요.

'악마의 대변인'이라고 들어 봤나요? 13세기 로마 가톨릭 교황이었던 그레고리 9세가 성인 추대 후보를 인증하기 위해 도입한 인사 검증 방식이에요. 의도적으로 반대편 입장에서서 성인으로 인정받기 위해 제출된 자료의 문제점을 찾아내 후보의 불합격을 주장하도록 한 제도예요. 정부의 위기관리 기법으로 '레드팀(red team)'이라는 것도 있어요. 정부 정책이나 전략의 취약점을 찾아내 공격하는 역할을 부여받은 팀이에요. 이런 제도가 왜 필요할까요? 의사 결정 과정에서 의도적으로 반대 목소리를 냄으로써 위기를 예측하고 대비하기 위해서예요. 일종의 전략적 거절 방법이라고 할 수 있죠.

미국 사업가 파라 그레이는 "우리는 우리가 원하는 모습으로 사는 것이 아니라, 지금 있는 모습으로 살게 된다. 더 많은 것을 원한다면 더 나은 사람이 되어야 하며, 더 나아지기 위해서는 거절을 당해 봐야 한다"라고 했어요. 결국 진짜 장애물은 나를 거절한 상대가 아니라 거절이 두려워서 시도하지 못하는 나 자신이에요. 승낙이 아니라 거절을 기본 값으로 설정하면 어떨까요? 거절이 기본 상수이고, 운이 좋으면 승낙을 얻을 수 있다고요. 거절을 대하는 태도를 바꿀 필요가 있어요.

거절이 자유케 하리라

영화 〈내일을 위한 시간〉(2014)에서 휴직을 마치고 복직을 앞두고 있던 산드라는 해고됐다는 통보를 받아요. 산드라가 없는 동안 16명의 동료가 추가 근무를 하면서 공장을 운영했는데, 그게 더 비용이 절감된다고 판단한 사장이 직원들을 상대로 보너스와 산드라 복직 중에 고르라고 투표를 시켰어요. 투표 결과는 14 대 2로 보너스를 택한 사람이 많았어요. 사실 이 투표는 노동자를 부당 해고한 책임을 노동자들에게 전가하려는 사장의 악의적인 계획이었죠.

복직 투표는 공정한 투표가 아니었어요. 작업반장이 산드라가 해고되지 않는다면 다른 누군가가 해고될지 모른다면서 노동자들이 보너스를 택하도록 종용했거든요. 산드라는 반장의 투표 개입이 부당하다며 사장에게 재투표를 요구해요. 결국 재투표 기회를 어렵게 얻어 낸 산드라는 재투표까지 이틀

남은 상황에서 동료들을 설득하러 찾아다녀요. 그러나 설득 과정은 험난하기만 해요. 문을 열어 주지 않는 동료부터 사람을 괴롭히지 말라며 화를 내는 동료까지 산드라는 온갖 어려움을 겪어요. 일부 동료는 산드라가 당한 부당한 피해를 인정하지 않고 심지어 산드라를 가해자로 몰아가죠. 그런 일을 겪으며 절망한 산드라는 자살을 시도하기에 이르러요.

그러나 보너스를 선택하고 죄책감을 느꼈다는 동료, 올바른 선택을 하도록 다시 기회를 줘서 고맙다는 동료를 만나면서 산드라는 절망에서 벗어나게 돼요. 재투표 결과가 8 대 8 동수로 나오면서 결국 산드라의 복직은 좌절돼요. 하지만 산드라는 보너스를 택한 동료들을 원망하지 않고 그들의 어려운 상황을 이해하고 받아들여요. 동료들과 대화하면서 자신이 해고된 진짜 원인이 보너스를 택한 노동자들이 아니라 보너스로 노동자들을 갈라놓은 사장에게 있다는 사실을 깨달았거든요.

이 영화의 압권은 그다음이에요. 산드라가 동료를 여섯이나 설득하자 부담을 느낀 사장이 산드라에게 복직을 제안해요. 계약직 노동자의 계약 기간이 끝나면 그 노동자를 정리할 테니 대신 복직하라는 제안이었어요. 산드라는 사장의 제안을 단호히 거절해요. 동료를 배신하도록 부추기는 사장의 제안을 거절한 것은 동료들이 했던 배신을 기억하며 똑같이 행동하지 않으려는 의지의 표현이에요. 참고로 〈내일을 위한 시간〉은 추가 근무 수당을 받는 조건으로 팀원 중 한 사람을 해고하는 데에 합의한 1998년 프랑스 자동차 제조 업체 푸조사의 작업반 사례를 모티브로 삼았어요.

이 영화는 거절이 성장통이라는 사실을 잘 보여 줘요. 산드라는 거절당할 것을 예상하면서도 포기하지 않았고, 결국에는 사장의 제안을 당당히 거절함으로써 자유를 쟁취했어요. 동료들의 집에 찾아가지 않았다면, 즉 용기를 내 설득과 고통의 과정을 겪지 않았다면 불가능했을 거예요. "내가 와서 네가 기쁜 것처럼, 네가 날 찾아와 줘서 기뻤어"라던 동료 안느의 말처럼 안느도 산드라의 행동에 용기를 얻어 산드라를 만나러 올 수 있었어요. 거절을 두려워하지 않는 용기가 서로를 구원한 거예요.

마지막 장면에서 산드라는 다른 직원을 쫓아내고 그 자리에 복직할 순 없다는 소신을 밝히고 회사 문을 나섭니다. 햇살에 비친 산드라의 얼굴이 밝게 빛납니다. 산드라는 곧바로 남편에게 전화해요. "(다른 일을) 오늘부터 찾아봐야지. 그래도 우리 잘 싸웠지? 나 행복해." 산드라의 거절은 인간의 존엄을 지키기 위한 거절이에요.

'No Means Yes'는 버려!
─ 성적 거절

이심전심 같은 건 없다

고전 영화 〈바람과 함께 사라지다〉(1939)에 남녀 주인공이 술을 마시면서 심하게 다투는 장면이 나와요. 그런데 갑자기 남자 주인공이 여자 주인공을 번쩍 들어 안은 채 계단을 올라 침실로 향해요. 다음 날 여자 주인공 얼굴엔 웃음이 가득합니다. 그 장면에서 관객은 어떤 오해를 할까요? 여성은 속으로 원하면서 내숭을 떤다고 생각하기 쉽죠. 아닌 척하는 여성도 실제로는 남성을 원할 수 있다고요. 특히 못살게 괴롭힌 후에 힘으로 제압하면 여성이 틀림없이 넘어온다는 착각이 들기도 하죠.

여성이 분명히 동의하지도 않았는데 남성은 왜 그렇게 행동했을까요? 여성의 어떤 태도에서 동의 의사를 짐작했을 거예요. 표정, 시선, 손짓, 몸짓, 자세 등을 비언어적 표현이라고 해요. 언어적 표현과 독립적으로 의미 작용을 해요. 또한, 목소리 크기, 빠르기, 높낮이, 말투, 억양 등의 반(半)언어적 표현도 있어요. 언어적 표현에 수반하여 의미를 변화시키거나 강조 혹은 부정하는 기능을 해요. 결국 〈바람과 함께 사라지다〉에서 남자 주인공의 행동은 여자 주인공의 비언어적·반언어적 표현을 보고 판단한 결과일 테죠.

커뮤니케이션 분야에서 유명한 이론 중 하나로 심리학자 앨버트 머레이비언의 '머레이비언의 법칙'이 있어요. 상대방에게 호감을 갖는 순간은 언제인지, 누군가와 처음 만났을 때 인상을 좌우하는 요소는 무엇인지 등을 연구한 내용이에요. 대화하는 사람들을 관찰해서 분석한 결과 상대방의 인상이나 호감을 결정하는 데 몸짓이 55%(표정 35%, 태도 20%), 목소리가 38%의 비중을 차지하고, 말하는 내용은 단지 7%밖에 영향을 주지 않는다고 해요.[12]

그러나 언어를 사용하지 않는 '비언어적 의사소통'은 일정한 한계를 가지고 있어요. 사랑하는 사람끼리는 말이 없어도 서로 잘 안다고 생각할 수 있어요. 이심전심(以心傳心), 심심

3장
거절을 받아들이는 방법

상인(心心相印)이라는 말도 있죠. 말없이 마음과 마음으로 뜻을 전한다는 말이에요. 그런데 우리가 비언어적·반언어적 표현의 의미를 정확히 알 수 있을까요? 우리는 자신이 생각하는 것보다 비언어적 정보를 잘 해석하지 못해요. 상대방의 마음을 정확하게 안다고 믿지만, 그건 우리의 착각이에요.

함부로 타인의 말눈치, 곧 말하는 중에 은근히 드러나는 어떤 태도를 짐작해선 안 돼요. 그러면 낭패를 볼 수 있어요. 상대 마음을 '잘 안다'는 확신이 성적 대화를 가로막고 성폭력으로 이어질 수 있어요.

침묵의 의미

앞서 참된 동의의 조건들을 살펴볼 때, 명확하고 분명하게 동의 의사를 들어야 한다고 했던 것 기억하나요? 침묵, 어색한 웃음, 슬그머니 자리 떠나기 등처럼 애매모호한 표현이나 불확실한 반응은 동의가 아니에요. 이런 반응은 겉으로 아무 내색을 하지 않는다는 점에서 비언어적 표현과 달라요. 침묵이나 무반응을 보고 긍정인지 부정인지 정확히 알 수 있을까요? 좀 전에 우리가 비언어적 정보를 정확히 읽어 내지 못한다고 지적했죠? 정확히 파악할 수 있다는 생각은 착각이라고 했어요. 비언어적 정보도 정확히 읽어 내기 어려운데, 침묵이나 무반응을 정확히 읽어 낼 수 있을까요?

그렇다면 침묵이나 무반응은 어떻게 받아들여야 할까요? 애매할 때는 고민할 필요 없어요. 간단해요. 그냥 거절로 판단하면 돼요. 'Yes Means Yes(예라고 해야 예)' 룰(rule)이 있어요. 성폭력 여부를 판단할 때 명확한 동의만을 진짜 동의로 보는 '적극적 동의 기준'이에요. 명확한 동의(Yes)가 아니면 무조건 거절(No)로 여겨야 해요. 그러므로 언제나 행동하기 전에 상대방에게서 명확한 동의부터 받아야 해요.

〈그녀에게〉(2002)라는 영화가 있어요. BBC가 선정한 '21세기 위대한 영화 100편' 가운데 28위에 오른 영화예요. 여자 주인공 알리샤는 혼수상태에 빠진 환자고, 남자 주인공 베니뇨는 알리샤를 돌보는 간호사예요. 알리샤를 좋아하는 베니뇨는 알리샤를 강간해요. 결국 베니뇨는 교도소에 수감되고 그곳에서 자살로 생을 마감해요. 강간, 특히 환자에 대한 의료인의 강간은 심각한 범죄인데도, 대부분의 관객이 베니뇨의 강간을 이룰 수 없는 사랑을 향한 몸부림쯤으로 받아들여요. 영화가 베니뇨의 시각에서 진행된 탓이죠.

영화는 처음부터 끝까지 베니뇨가 알리샤를 헌신적으로 보살피는 장면을 보여 줘요. 베니뇨는 자신의 삶을 희생하면서 알리샤를 위해 살아가요. 베니뇨의 일상은 알리샤를 중심으로 돌아가요. 베니뇨의 관심사 역시 알리샤가 사고 전에 좋아하던 것과 동일해요. 베니뇨는 알리샤가 좋아했던 발레 공연과 무성 영화를 보고 알리샤에게 그 내용을 들려줘요. 베니뇨의 지극정성은 4년이라는 세월 동안 한결같아요. 그러니 관객은 베니뇨가 나쁜 의도로 그런 짓을 했을 리 없다는 생각을 갖게 되죠.

그러나 분명한 사실은 강간 여부를 판단하는 기준은 '선의'가 아니라는 점이에요. 앞에서 지적했듯이 선의로 한 행동도 경계 침범이 될 수 있어요. 경계 침범의 관점에서 보자면 〈그녀에게〉에는 여러 문제가 있어요. 베니뇨는 알리샤가 혼수상태에 빠지기 전부터 알리샤를 흠모했어요. 어느 날 자신이 사는 집 창문을 통해 맞은편 발레 학원에서 연습하는 알리샤를 보고 혼자 사랑에 빠졌거든요. 이후 그는 알리샤를 몰래 지켜보고 알리샤의 뒤를 밟으며 방에 무단으로 들어가기도 했어요. 베니뇨의 강간은 이런 일상적 경계 침범의 연장선 위에 있는 거예요.

No의 의미

여성의 거절을 실제로 좋으면서 겉으로 팅기는 내숭으로 오해하는 남성이 있어요. 망설이는 태도를 암묵적 동의로 이해하고, '곤란하다'라는 예의 바른 거부의 표현조차 판단 유보의 말로 여기죠. 마치 '곤란하다'는 말이 동의와 거부의 중간 지대에 있는 것처럼요. 왜 여성의 'No'는 'No'로 받아들여지지 않을까요?

물론 언어는 표면적 의미 말고 내포적 의미를 띨 때가 많아요. 성적 대화 역시 내포적 의미를 숨기고 있을 수 있어요. 다만 성적 동의를 구할 때는 상대의 말뜻을 있는 그대로 받아들이는 게 안전해요. '싫어요'라고 하면 싫은 거고, '글쎄요'라고 하면 글쎄인 거고, '좋아요'라고 하면 좋은 거라고 받아들여야 해요.

동의의 뜻을 분명히 확인해야 성폭력을 포함한 문제 상황을 예방할 수 있습니다. 'No Means No(아니오라고 하면 아니오)' 룰은 성폭력을 판단하는 중요한 기준이에요. 상대가 거절을 표현했는데도 성관계를 한 경우, 이를 처벌하는 규칙이에요. 독일 등 일부 유럽 국가들에서 강간죄 처벌에 'No Means No' 룰을 도입했어요. 상대가 분명하게 거절했다면 거기서 모든 행동을 즉각 멈춰야 해요. 그게 'No Means No'의 의미예요.

간혹 상대가 거절 의사를 부드럽게 표현할 때가 있어요. 미소를 짓는다든가 속삭이듯 말한다든가 말이에요. 그런 완곡한 거절조차 동의나 허락이 아니에요. '싫다고 하다가 결국엔 좋다고 한다'라는 이야기는 일부 남성들의 판타지일 뿐이에요.[13] 상대가 싫다고 표현하면 그 의사 표시를 있는 그대로 존중해야 해요. 상대의 의사와 감정을 개의치 않고 내 마음대로 행동한다면 그건 폭력이에요.

'No Means No'가 과거 성교육의 핵심 메시지였다면, 오늘날 성교육은 'Yes Means Yes'를 강조해요. 미국 캘리포니아주는 2015년 10월에 고등학교 보건 시간에 성행위의 조건으로 '명확한 동의'를 가르치도록 하는 법을 만든, 미국 최초의 주가 되었어요.[14] 술에 취하거나 잠이 든 사람은 동의 표시를 할 수 없다는 점도 수업 내용에 포함하도록 했어요.

동의가 주목받는 시대

강간죄에 대한 처벌을 규정한 형법 제297조는 "폭행 또는 협박으로 사람을 강간한 자는 3년 이상의 유기 징역에 처한다"라고 되어 있어요. 논란이 되는 부분은 '폭행 또는 협박'이에요. 폭행 또는 협박이 없는 강간은 강간죄가 아니라 준강간죄로 처벌하는데, 처벌 수위가 강간죄보다 낮아요. 폭행 또는 협박 여부가 왜 문제냐고요? 미투(Me Too) 운동이 본격화한 뒤 피해자들의 성폭력 폭로를 맞닥뜨린 가해자들이 뻔뻔하게 내놓은 반응이 이것이었기 때문이에요. "성관계에 강요는 없었습니다." 가해자들은 폭행이나 협박이 없었다는 점을 들어 자기 잘못을 변명했어요.

그러나 폭행이나 협박이 없어도 강간은 가능하고 실제로 많이 벌어져요. 2019년 1~3월 전국성폭력상담소협의회를 통해 전체 66개 성폭력상담소에 접수된 강간 상담 사례를 살펴보면, 1030명 중 직접적 폭행·협박 없이 발생한 피해는 71.4%(735명)에 달하고, 직접적 폭행·협박이 이뤄진 경우는 28.6%(295명)에 불과했어요.[15] 앞에서 다뤘던 위력 성폭력도 직접적인 폭행이나 협박 등이 없었잖아요.

이런 맹점 때문에 2018년 유엔여성차별철폐위원회(CEDAW)는 대한민국 정부에 형법 제297조를 개정하여 '폭행 또는 협박'이 아닌 '동의 여부'로 강간죄의 구성 요건을 바꿀 것을 권고했어요. 유엔여성차별철폐위원회 일반 권고 제35호 「여성에 관한 모든 형태의 차별 철폐에 대한 협약」을 보면 "부부·지인·데이트 강간을 포함하여 성범죄의 정의가 자유로운 동의의 부재에 기반을 둔 강압적인 상황을 고려한 것으로 보장하라"라고 명시합니다.

어떤 여성이 침대에 속옷 차림으로 누워 있다고 해 보죠. 이 여성은 성관계에 동의한 걸까요? 정황상 그렇게 착각할 수도 있지만, 스웨덴 대법원은 이 여성과 성관계한 남성에게 유죄 판결을 내렸어요. 여성이 침대에 함께 눕는 것에만 동의했다는 이유였어요. 스웨덴은 이미 2018년 형법을 고쳐서 일명 '성행위 동의법'을 도입했어요.[16] '적극적인 동의가 없는 성행위'를 모두 범죄로 규정해요.

'적극적 동의'의 원칙은 모든 성적 행위에 대해 적극적으로 동의할 때만 합의된 성관계로 보는 거예요. 과거에는 행위자가 '적극적 저항'을 하지 않으면 암묵적 동의로 여겨 성폭력이 아니라고 판단했지만, 저항이 아닌 동의를 기준으로 하면서 성적 자기 결정권과 성적 자율성을 보는 시각이 크게 달라졌어요. 이러한 인식 전환은 만연한 성범죄를 예방하고 줄일 수 있어요.

영국·스웨덴·캐나다 등 여러 선진국에서 피해자의 동의 없는 성적 침해를 강간죄 등으로 정의하고 있어요. 이들 국가에서는 폭력이나 협박이 없어도 성폭력으로 처벌해요.[17] 예를 들어 캐나다 법원은 성관계에서 현재적·의식적·계속적 동의가 있어야 한다고 봐요. 성관계에 대한 동의는 성관계가 이루어지는 순간에 의식이 있는 상태에서 각각의 성적 행위에 대해 이뤄져야 한다는 거예요. 또한, 언제든 이미 한 동의를 철회할 수 있다고 보죠. 동의 여부를 성폭력 판단 기준으로 삼는 것은 거스를 수 없는 세계적 흐름이에요.

사랑이라는 이름의 폭력

「동백꽃」과 김유정

김유정의 소설 「동백꽃」에서 점순이는 '나'에 대한 호의로 감자를 건네요. 그런데 내가 감자를 거부하자 이후 점순이는 끊임없이 나를 괴롭혀요. 대표적인 게 닭싸움이에요. 점순이가 일부러 닭싸움을 시켜 놓자 나는 화가 나서 지게 작대기로 점순네 닭을 패 죽여요. 그러고는 문득 겁이 나서 엉엉 울어 버리죠. 마름 집의 닭을 패 죽였으니 소작(小作, 땅을 빌려 농사를 짓는 일)하는 형편에선 낭패가 아닐 수 없어요. 소작농에게는 지주보다 더 무서운 존재가 마름이었으니까요.

「동백꽃」은 소년 소녀의 애틋한 사랑으로 이해하기 어려운, 독한 구석이 있어요. 점순이가 사랑을 쟁취하는 방식은 다분히 계략적이고 위계적이거든요. "너 이담부터 안 그럴 테냐?"라는 점순의 물음에 무엇을 안 그러는지도 모른 채 나는 "그래!"라고 대답해요. 엉겁결에 한 약속이자 점순이에 대한 항복 선언이죠. 두 사람은 껴안은 채 노란 동백꽃 사이로 넘어집니다. 점순이의 KO승이에요.

엊저녁에는 네가 천향원으로 간 것을 보고 문 앞에서 기다렸으나 나오지를 않았다. 만일 그때 너를 만났다면 나는 너를 죽였을 것이다. 그러나 좋아하지 마라. 단 며칠 목숨이 연장될 따름이니까. 「나의 이력서 16」
김유정은 번쩍이는 뭔가를 손에 들고 있었다. '칼이다' 하는 생각이 들자 온몸이 오싹해졌다. 인력거꾼은 재빠르게 앞으로 달려갔으나 김유정이 더 빨랐다. 그는 인력거채를 움켜잡고 나에게 소리쳤다. "녹주, 오늘 밤은 너를 죽이지 않으마. 안심하고 내려라." 그가 들고 있던 것은 하얀 몽둥이였다. 「나의 이력서 17」[18]

「동백꽃」의 점순이는 작가인 김유정을 닮았는지도 몰라요. 김유정은 악명 높은 스토커였거든요. 2년 동안 소리꾼 박녹주를 따라다니면서 괴롭혔어요. 심지어 살해 협박도 일삼았어요. 코믹하고 해학적인 「봄봄」 같은 명작을 떠올리면 그런 작품을 남긴 사람이 스토커였다는 사실을 선뜻 이해하기 어려워요. 그런데 달리 생각하면, 누구든 스토커가 될 수 있다는 데 생각이 미쳐요.

영혼을 파괴하는 범죄, 스토킹

오늘도 김유정의 후예들은 누군가의 멱살을 쥐고 주먹을 날리고 있어요. 한국형사정책연구원이 2012~2018년 전국 범죄 피해를 분석한 내용에 따르면, 스토킹 피해자가 성범죄를 당할 가능성은 스토킹 피해 경험이 없는 사람에 비해 13.3배에 달했어요. 여성이 살해당한 사건 중 30% 이상이 범행 전에 스토킹을 당했어요. 해외 연구를 보면 통상 살인 사건 중 30% 비율로 범행 이전에 스토킹이 발생했고요.

경찰대 한민경 교수가 2013년부터 2020년까지 8년간 선고된 법원의 1심 법원 판결문을 분석한 결과 스토킹이라는 표현이 등장한 사건 148건 중 절반 이상이 강간이나 상해, 폭행, 협박, 주거 침입, 업무 방해 등 다양한 신체적 폭력이나 성폭력 범죄를 동반한 것으로 나타났어요. 스토킹이 상해·폭행 등 신체적 폭력으로 연결된 사례는 148건 중 53건(35.8%)이었고, 성폭력으로 이어진 경우는 42건(28.4%)이었으며, 신체적 폭력과 성폭력이 모두 발생한 사례는 18건(12.2%)이었어요.[19]

스토킹 처벌법은 2021년 4월에서야 제정되었고, 10월부터 시행되어 스토킹 범죄에 대해 최대 징역 3년 또는 벌금 3000만 원으로 처벌할 수 있게 되었어요. 이전까지는 경범죄 처벌법에 따라 10만 원 이하 벌금에 처해졌고요. 스토킹 처벌 강화는 1999년 국회에서 논의가 시작된 지 22년 만에 이룬 결실이에요. 15대부터 20대 국회까지 열네 차례나 법안이 만들어졌지만 모두 임기 만료로 폐기됐거든요.

법안 통과를 막은 건 무엇일까요? 지금까지 스토킹을 개인의 문제로 여기는 사회적 인식 아니었을까요? 영화 〈도어락〉(2018)에서 여자 주인공은 스토킹 증거를 모으기 위해 안간힘을 써요. 경찰은 무기력하고 사회는 외면하는 상황에서 피해자는 살기 위해 범인에 직접 맞설 수밖에 없었죠.

한국여성민우회 분석에 따르면 2018년 지상파·종편·케이블 등에서 방영한 드라마 120개(총 2946편) 중 '로맨스를 가장한 폭력 행위'에서 스토킹으로 볼 수 있는 내용이 62건이었어요.[20] 영화나 드라마에서는 집이나 직장에 불쑥 찾아가는 남자 주인공의 모습이 아름다운 구애로 그려져요. 대개는 순애

보, 짝사랑 등으로 묘사되죠. 상대방의 거절에도 일방적으로 끊임없이 연락하고 집 앞에서 서성이고 마음을 전하는 게 드라마 속 '심쿵' 요소로 받아들여집니다.

좋아한다는 이유만으로 상대방 의사와 관계없이 자기 감정을 드러내는 행위를 용납하는 사회적 통념과 정서가 있어요. 이런 통념과 결합하면서 스토킹은 범죄가 아니라 적극적인 '구애'로, 상대의 거절은 '팅기기'쯤으로 여겨져요. 하지만 스토킹은 상대의 인격과 자기 결정권을 부정하는 폭력이에요. 상대에 대한 집착과 상대를 소유물로 대하는 사고방식이 결합하면서 스토킹이 발생하죠. '영혼을 파괴하는 범죄'로 불리는 스토킹은 선의(짝사랑)가 명백한 악의(괴롭힘)로 변질된 범죄예요. 사랑한다면 자기가 좋아하는 것 말고 상대가 좋아하는 것을 해 줘야죠. 내 감정을 앞세우지 말고 상대의 감정을 배려하는 거예요. 소설가 김려령은 『일주일』에서 "상대가 원하지 않는 것은 하지 않는 거, 그게 사랑이야"[21]라고 말했어요.

강간 문화

"인면수심 섬마을 여교사 성폭행범들 10~15년형 확정"[22] 같은 신문 기사 제목을 보면 예외적인 남성이 성폭력을 저지르는 것 같아요. 이런 남성들만 피하면 안전할 것 같죠. 그러나 현실은 그렇지 않아요. 한국에서 실제 성폭력 신고율은 고작 10% 미만으로 추정돼요.[23] 일상적으로 더 많은 성범죄가 벌어지고 대다수는 신고조차 되지 않는 거예요.

영국 여성 운동가 캐럴라인 크리아도 페레스의 『보이지 않는 여자들』에 따르면 성희롱을 심각한 성범죄로 생각하지 않다 보니 관련 통계조차 미미해요. 전 세계적으로 그렇다고 합니다. 2014년 오스트레일리아연구소에서 조사한 바에 따르면 조사 대상 여성의 87%가 거리에서 언어적 또는 육체적 성희롱을 경험한 적이 있다고 답했어요.[24] 책에 소개된 다른 나라들도 사정은 비슷했어요. 선진국과 개발 도상국을 가리지 않고 여성들은 길거리에서, 버스와 지하철에서 숱한 성희롱과 성추행을 당해요.

상대의 동의를 가볍게 건너뛰고 상대의 경계를 함부로 침범하는 성희롱과 성추행을 여성들은 일상적으로 겪고 있어요. 「머리말」에서 잠깐 소개한 『악어 프로젝트』에는 수많은 사례가 나와요. 이 책은 프랑스의 그래픽 아티스트인 토마 마티외가 주변 여성들이 겪은 일상적 성폭력의 사례를 만화로 그린 책이에요. 책은 길거리 성추행, 직장 성희롱, 데이트 폭력 등 일상에 만연한 성폭력을 적나라하게 고발해요. 프랑스를 배경으로 한 책이지만, 우리 현실도 크게 다르지 않을 거예요.

『악어 프로젝트』는 남자들을 모두 초록색 악어로 표현했어요. 아마도 여성이 남성을 '잠재적인 성적 포식자'로 느껴서 그렇게 하지 않았을까요? 여성 입장에서 그만큼 '위험한 남자'와 '안전한 남자'를 구분하기 어려운 거예요. 여성의 관점에서 남성은 좋은 남자와 나쁜 남자, 이렇게 두 가지로 똑떨어지지 않아요. "웃어, 아가씨, 나 나쁜 사람 아니야"가 갑자기 "○○아, 네가 뭔데 날 무시해?"로 돌변하고, 더 심하면 쫓아와 폭행으로 이어질 수 있다는 사실을 직간접적으로 경험한 여성들에게 낯선 남자의 무해한 발언은 존재하지 않아요.

초록색 악어들은 곳곳에 도사리며 말로, 시선으로, 행동으로 아무렇지 않게 상대에게 불쾌감과 모욕감을 줘요. 장소와 시간을 가리지 않고 여성을 괴롭히죠. 남성들에게 이런 현실을 얘기해 주면 대부분 고개를 갸웃거려요. 여자 친구가 자기와 있을 때는 그런 일을 경험한 적이 없다면서요. 그런데 성희롱과 성추행은 남성 동행자가 있을 때 벌어지지 않아요. 싸움이 날 게 뻔하잖아요. 대개는 여성이 혼자 있거나 여성들만 있을 때 벌어져요. 도대체 악어들은 왜 그러는 걸까요?

혹시 '강간 문화'에 대해서 들어 봤나요? 리베카 솔닛이 『남자들은 자꾸 나를 가르치려 든다』에서 정의한 바에 따르면

"강간이 만연한 환경, 미디어와 대중문화가 여성에 대한 성폭력을 규범화하고 용인하는 환경"[25]을 일컬어요. 가해자가 성폭력을 저지르기 쉽고, 피해자가 피해 사실을 알리고 그에 맞서는 것을 어렵게 만드는 사고방식과 사회 구조, 관습과 문화의 총체예요. 예를 들어 성폭력 피해자의 문제 제기를 "네가 예민해서 그런 거 아니야?"라고 비난하든가 "처신을 어떻게 했기에 그런 일을 당해?"라고 피해자에게 책임을 묻는 거죠.

비버리 로스는 강간에 대한 잘못된 열일곱 가지 관념을 '강간 신화'로 명명했어요.[26] 그 내용 중 일부는 다음과 같아요. 하나, 여성은 강간당하고 싶은 환상이 있다. 둘, 여성이 성관계에 대해 '안 돼'라고 말할 때, 진정으로 뜻하는 것은 '돼'이다. 셋, 여성이 강간을 당할 것이라면 그것을 즐기는 편이 낫다. 넷, 여성은 종종 성폭행과 강간을 도발·유혹한다. 이런 강간 신화가 강간 문화를 떠받치고 있어요.

사랑의 가면을 쓴 범죄, 데이트 폭력

서로 호감을 가진 이들끼리 하는 데이트를 떠올리면 설렘, 들뜸, 두근거림 같은 단어가 떠올라요. 봄 햇살처럼 따스하고 기분 좋은 데이트와 가장 어울리지 않는 단어는 폭력일 거예요.

그런데 전혀 어울리지 않는 두 단어가 만나는 일이 있어요. 바로 '데이트 폭력'이에요. 사랑의 밀어를 속삭이던 사람이 갑자기 주먹을 날리고 그 사람이 다시 사랑을 속삭인다면 사랑을 믿을 수 있을까요?

'뛰어내려 버릴까.' 7층에 살던 한 여성은 늘 그런 생각을 했어요. 스웨덴 만화가 오사 게렌발의 자전적 이야기를 담은 『7층』은 데이트 폭력을 다룬 그래픽 노블이에요. 작가는 예술 학교에서 매력적인 남성을 만나 사귀게 되었어요. "제로에서부터 전부 다시 시작하는 거야. 이제부터 너와 나만 생각해." 오사는 남자 친구가 말하는 '새 출발'을 좋게만 생각했어요. 오사의 모든 것을 남자 친구에게 맞춰야 한다는 의미일 거라고는 꿈에도 생각지 못했어요.

오사는 남자 친구가 원하는 대로 삶을 바꿔 나갔어요. 화장법부터 좋아하는 옷, 취향, 친구 관계까지 모두 버려야 했어요. 그게 사랑이라고 생각했죠. 그런데도 남자 친구는 오사에게 터무니없는 것들을 요구해요. "지금 장난해? 키스할 때 왜 눈을 감느냐고! 나를 바라봐야 할 거 아냐! 안 그러면 네가 진짜 나만 생각하는 건지 어쩐 건지 내가 어떻게 알아?" 심지어는 오사를 폭행했어요.

데이트 폭력은 연인 사이, 또는 연인으로 발전하기 전 단계에서 이뤄져요. 데이트 폭력은 크게 성폭력, 신체적 폭력, 정서적 폭력, 행동 통제로 구분돼요. 원치 않는 신체 접촉(성추행), 성폭행 등은 성폭력에 속해요. 신체적 폭력은 벽에 밀치기, 팔목 낚아채기, 어깨 제압 등 가벼운 폭력부터 목 조르기, 뺨 때리기 등 심각한 폭행까지 다양해요. 정서적 폭력에는 감시뿐만 아니라 욕설이나 모욕, 위협적인 고함 등이 있어요. 행동 통제는 상대의 행동을 제한하는 걸 가리켜요.

데이트 폭력은 매년 증가하고 있어요. 경찰대학 치안정책연구소가 발간한 「치안 전망 2023」 보고서를 보면, 데이트 폭력 신고 건수는 2017년 1만 4136건에서 2022년 9월 기준 5만 2767건으로 크게 늘어났어요. 2022년 발생한 데이트 폭력을 범죄 유형별로 나눠 보면 폭행·상해가 7013건으로 가장 많았어요. 이어서 감금·협박 892건, 주거 침입 582건, 성폭력 205건 순이었어요. 살인 기수는 1건, 살인 미수는 9건이었고요. 이 보고서에서 눈길을 끄는 대목은 전년 동기 대비 10대 피해자 수 증가율이 60.1%로 전체 연령대 중 가장 큰 폭의 증가세를 보였다는 점이에요.[27]

연인 사이에 경계 침범이 일상화되고 극단화되면 데이트 폭력이 벌어져요. 대부분은 폭언·협박 등에서 시작해, 점점 강도가 세져요. 그러다 감금, 상해, 성폭력 등으로 발전하죠. 데이트 폭력은 갑자기 일어나는 예외적인 사건이 아니에요. 일상적인 경계 침범이 반복되다 보면 어김없이 폭력이 고개를 들기 마련이에요.

연인 사이에서 경계 침범은 매우 광범위하게 발생해요. 경기도가족여성연구원의 「경기도 데이트 폭력 실태에 관한 연구」라는 보고서에 따르면, 경기도의 만 19~69세 성인 남녀 중 데이트 경험자 1500명을 대상으로 한 조사에서 '상대방이 (나를) 속이고 있다는 것을 알게 되면 욕을 해도 괜찮다'에 동의하는 비율이 19.6%로 나타났어요. '상대방이 나에게 거짓말을 하면 휴대폰 문자, SNS 등을 점검해도 괜찮다'에 동의하는 비율은 19.1%였고요.[28] 상대를 속이는 것이 잘못이더라도 욕으로 대응하는 것은 문제일뿐더러, 휴대폰 문자나 SNS 등을 뒤지는 것은 일기장을 훔쳐보는 것처럼 잘못된 행동이에요.

안전 이별

'이별'이라는 말을 들으면 뭐가 떠오르나요? 슬픔, 아픔, 상실…. 그런데 혹시 이별과 관련된 단어로 '안전'을 들어 본 적 있나요? '안전 이별'이란 말이 있어요. 물리적·정신적 폭력을 당하지 않고 안전하게 이별하는 것을 뜻해요. 다음소프트(현바이브컴퍼니)의 분석에 따르면 '안전 이별' 검색량이 2015년 8000여 건에서 2017년 2만 4000여 건으로 세 배 이상 급증했다고 해요.[29] 포털 검색창에 "왜 안 만나 줘"라는 문장으로 기사를 검색해 보세요. 만남이나 재결합을 거절했다는 이유만으로 살해하고 폭행하고 강간하고 방화하는 수많은 사건을 확인할 수 있어요. 이런 사건들은 우리 사회에서 흔하게 일어납니다.

한국여성의전화 분석에 따르면, 2020년 1년간 언론에 보도된 여성 살해 사건 중 피해자 97명이 남편이나 애인 등 친밀한 관계의 남성에 의해 목숨을 잃은 것으로 나타났어요. 그 가운데 현재 또는 과거 사실혼 관계를 포함한 배우자에게 살해된 경우가 45명, 현재 또는 과거 데이트 관계 남성에게 살해된 경우가 48명이었어요. 그 외 일방적으로 성적 요구를 하는 남성에게 살해된 경우가 4명이었고요. 2009년부터 2020년까지 언론에 보도된 친밀한 관계의 남성에 의해 살해된 여성 피해자는 최소 1072명으로 집계됐어요. 살인 미수까지 포함하면 2038명에 달해요. 피해자의 주변인까지 포함하면 2514명이고요.

2020년의 전체 피해자 228명(살인, 살인 미수)만 놓고 보면 가해 범죄자들이 밝힌 범행 동기로는 '이혼이나 결별을 요구하거나 재결합 및 만남 요구를 거부해서'가 23.3%(53명)로 가장 많았어요. 쉽게 말해 관계를 끊었다는 이유로 살해된 거예요. 상대의 거절을 받아들이지 못한 거죠. 상대에 대한 폭력은 '넌 내 거!'라는 사고방식에서 시작돼요. 상대를 나의 소유물로 보고 무시하거나 집착하는 거죠. 이어 '홧김에, 싸우다가 우발적으로' 22.8%(52명) '다른 남성과의 관계에 대한 의심' 14.9%(34명) '자신을 무시해서' 3.9%(9명) '성관계를 거부해서' 2.6%(6명) 등이에요. 안 만나 줘서, 밥을 안 차려 줘서, 너무 사랑해서, 늦게 귀가해서, 결별 후 다른 남자를 만나서, 자려는데 말을 걸어서 등… 이런 것들이 친밀한 여성을 살해하려고 한 이유예요.[30]

극단적인 사례가 아니냐고요? 물론 모든 남자가 폭력을 저지르진 않아요. 그러나 많은 남성에게 비슷한 정서가 있는지 몰라요. 자기를 만나 주지 않거나 자기에게 관심을 주지 않아서 무시당했다는 기분이 들게 하는 여자를 원망하는 정서 말이에요.

영화 〈건축학개론〉(2012)에서 남자 주인공 승민은 어긋나 버린 첫사랑 서연에게 "쌍년"이라고 욕해요. 실상은 서연이 성폭력을 당했는데, 이를 연애로 오해한 결과예요. 술 취한 서연에게 강제로 키스를 하려고 했던 선배 재욱은 이전에 승민에게 여자 꼬시는 방법을 알려 줬어요. "여자는 일단 술을 먹여서 취하게 만들어. 취하면 업어. 침대에 눕혀. 끝." 그런데도 승민은 서연을 비난하기 바쁘죠.

연애는 두 사람이 함께하는 거예요. 따라서 누군가 이별하자고 하면 더는 연애가 아닌 거예요. 내가 할 수 있는 일은 상대의 감정과 선택을 존중하는 것뿐이에요. 신학자 폴 틸리히는 "사랑의 첫 번째 의무는 상대방에 귀 기울이는 것이다"라고 했어요. 자기 감정을 강요하는 게 아니라 상대의 감정에 귀를 기울이는 게 진정한 사랑이에요.

이별이라는 명백한 현실을 인정하지 않고 혼자서만 계속 연애 중이라고 생각한다면 어떻게 될까요? 상대의 감정을 무시하고 자기 감정만 일방적으로 앞세운다면 그것은 사랑의 탈을 쓴 집착이자 괴롭힘에 불과해요. 상대의 경계를 인정하고 존중한다면 그런 태도를 버려야 해요.

연애 각본

「잠자는 숲속의 공주」라는 동화가 있죠. 100년 동안 잠든 공주는 왕자의 입맞춤을 받아야만 깨어날 수 있는 존재로 나옵니다. 문제 해결을 위해 능동적으로 행동할 수 없고, 자신을 구원해 줄 왕자를 기다리는 것밖에는 할 수 없는 모습으로 그려져요. 「백설 공주」, 「신데렐라」 등도 비슷하죠. 이 동화들은 백마 탄 왕자가 어려움에 처한 공주를 구해주는 이야기예요. 공통적으로 아름다운 공주만이 왕자의 구원을 받는다는 생각을 은연중에 보여줍니다.

연애하는 방식에 '문화적인 문법'이 있다고 생각해 본 적 있나요? 미국의 사회학자 주디스 롱 로스와 페퍼 슈워츠는 『성 각본』(1977)에서 '연애 각본'이라는 개념을 소개해요. 연애 각본은 연애 방식을 규정하는 문화적인 문법이에요. 성별에 따른 역할 각본이라고 할 수 있죠. 예를 들면 연애 각본에 따라 남자는 여자에게 꽃을 사 주고 여자는 남자에게 요리를 해 줘요. 배우가 각본에 따라 연기하듯이 연인들도 연애 각본에 따라 자기 역할을 수행해요.

연애 각본은 자연적으로 생긴 것이 아니라 가족, 친구, 미디어 등의 영향을 받아 사회적으로 학습된 결과예요. 연애 각본은 우리가 연애하는 방식에 영향을 미치고, 때로는 성차별과 성폭력을 정당화하는 데 쓰여요. 예를 들어 남자가 여자보다 더 적극적이고 주도적이어야 한다는 연애 각본은 남자가 여자의 의사를 무시하거나 강요하는 행동을 유발할 수 있어요. 시대와 문화에 따라 달라질 수 있지만 일부 연애 각본은 오래

된 관습이나 편견에 기반해요. 미국의 '연애 각본'은 1950년대에 생겨나서 지금도 크게 바뀌지 않았다고 합니다.[31]

어릴 때부터 남자는 이래야 한다, 여자는 저래야 한다는 식의 강요를 받아요. 심지어 똑같은 특성도 성별에 따라 다르게 평가돼요. 가령 어린아이가 목소리가 아주 크다고 해 보죠. 남자아이라면 '사내아이답다'고 칭찬받지만 여자아이라면 '조신하지 못하다'고 혼나요. 성별 고정 관념이 특정한 남성다움과 여성다움을 강요하는 거예요. 사귀는 사이에서 발생하는 다양한 문제는 성별 고정 관념과 관련될 때가 많아요. 스킨십을 둘러싼 의사소통 문제도 성별 고정 관념과 관련돼요. 남자라면 성에 대해 과감해도 된다는 고정 관념이 상대에 대한 동의나 배려를 건너뛰게 만들거든요.

이러한 성 역할 고정 관념은 성범죄의 원인이 되기도 합니다. 대부분의 남성은 잘못된 성 지식과 남성성에 대한 오해를 받아들여요. 남성은 여성을 욕구를 가진 동등한 파트너가 아니라 성관계를 위해 차지해야 할 대상으로 보는 법을 배워요. 많은 연구자가 데이트 폭력의 원인으로 맹목적인 남성성에 대한 추구, 남자다운 행동에 대한 성적 고정 관념, 미숙한 의사소통, 자신감 부족, 또래 집단의 영향과 압력 등을 지적하고 있어요.[32]

데이트하는 상대가 어떤 사람인지 어떻게 알 수 있을까요? 상대가 다음과 같은 행동을 한다면 위험 신호로 볼 수 있어요.[33] 그럴 땐 상대의 폭력성을 의심해 보아야 해요.

· 큰 소리로 호통을 친다.

· 하루 종일 많은 양의 전화와 문자를 한다.

· 통화 내역이나 문자 등 휴대 전화를 체크한다.

· 옷차림, 헤어스타일 등을 자기가 좋아하는 것으로 하게 한다.

· 다른 사람들을 만나는 것을 싫어한다.

· 날마다 만나자고 하거나 기다리지 말라고 하는데도 무작정 기다린다.

· 만날 때마다 스킨십이나 성관계를 과도하게 요구한다.

· 내 과거를 끈질기게 캐묻는다.

· 헤어지면 죽어 버리겠다고 한다.

· 둘이 있을 때는 폭력적이지만 다른 사람과 함께 있으면 태도가 달라진다.

· 싸우다가 외진 길에 나를 버려두고 간 적이 있다.

· 문을 발로 차거나 물건을 던진다.

성폭력 생각해 보기
─ 데이트 강간과 부부 강간

남성은 성적 욕망의 주체이고 여성은 욕망의 대상이라는 착
각이 있죠. 남성은 성에 과감해도 되며 성욕을 드러내는 게 흠
이 아니라는 인식 같은 거요. 반대로 여성은 성적 욕구를 적극
적으로 드러내서는 안 되고 남성의 요구에 수동적으로 따라야
한다는 사회적 고정 관념이 있어요. 남성이 맘껏 즐기도록 도
와주는 존재로 여성을 대상화하는 거예요.[34] 특히 어린 여성
일수록 성적으로 순결해야 한다는 사회적 압박이 있어요. '순
결'이라는 말 자체가 여성을 대상으로 많이 쓰이잖아요? '순결
한 여성'이라든가 '처녀가 순결을 지켰다'처럼요.

데이트 강간이 발생하는 주요 원인 중 하나가 바로 이러한 '남성 중심적 연애 문화'예요. 남녀 관계에서 남성이 관계를 주도해야 하고, 그러한 일방적 태도를 남성다운 것이라고 인식하는 경향이 있어요. 앞서 살펴본 연애 각본도 그러한 사고방식을 반영하고 있죠.

여성은 상대적으로 '성적 욕망의 주체'로 행동하는 일을 낯설어하는 편인 것 같아요. 그럴 수밖에 없지 않았을까요? 문화, 관습, 종교 등에 의해 대상이 되는 쪽을 자연스럽게 내면화했기 때문이에요. 여성이 적극적으로 성관계를 원하면 '문란하다'는 프레임을 뒤집어쓰기 쉬워요. 이런 상황에서는 어떤 여성도 자기 의사를 분명하게 드러내기 어려울 거예요. 결국 여성의 거절이 오히려 본심을 감춘 거절, 즉 동의라는 잘못된 통념이 만들어져요.[35]

"자, 너도 이제 이런 나와 살 수 없겠지? 하는 말에 제부는 동생의 뺨을 올려붙였다. 그때부터 폭력이 시작된다. 강간이 수반된다."[36] 김이설의 소설 『우리의 정류장과 필사의 밤』에 나오는 대목이에요. 부부 사이에도 강간이 일어날 수 있어요. 부부간의 자연스러운 성관계와 성폭행을 어떻게 구분하느냐고요? 간단해요. 둘 모두가 원했느냐, 한쪽만 원했느냐예요. 부부라도 상대의 경계를 함부로 침범한다면 범죄가 돼요.

오랫동안 강간은 (피해) 여성이 아니라 (여성을 소유한) 남성에 대한 침해였어요.[37] 폭력의 역사를 광범위하게 추적한 심리학자 스티븐 핑커에 따르면 전 세계의 도덕과 법체계에서 강간은 여성의 주인으로부터 처녀성을 훔치는 행위로 여겨졌어요. 그 주인은 여성의 아버지이기도 하고 남편이기도 하죠. 남성이 여성의 부모에게서 결혼 허락을 받을 때 "아버님, ○○를 주십시오"라고 말하는 걸 보세요. 마치 여성에 대한 소유권을 넘겨받는 것 같지요. 이처럼 강간을 남편에게서 아내의 정조를 빼앗는 행위로 보았기 때문에 부부 강간이라는 개념은 성립할 수 없었어요. 자기 것을 자기가 빼앗는다는 의미가 되니까요.

앞에서 동의 없는 성행위는 성폭력이라고 했지요? 아예 '동의 없는 섹스'라는 말을 사용해선 안 된다는 주장도 있어요. 철학 교수 켈리 올리버는 2016년 『뉴욕타임스』에 게재한 「동의 없는 섹스 같은 건 없다. 그것은 폭력일 뿐이다」라는 사설에서 "섹스라는 단어 자체가 '동의'의 뜻을 품고 있어서 '동의 없는 섹스'라는 표현은 모순 어법"[38]이라고 주장했어요. 상대에게 동의를 구하지 않는 섹스는 성폭행이라는 거예요.

스웨덴 등지에서는 '성행위 동의법'에 따라 '적극적인 동의가 없는 성행위'를 범죄로 판단해 처벌한다고 했지요? 반면 우리 형법 제297조의 강간죄에는 아직 '폭행 또는 협박'이라는 기준이 있다고 했어요. 상대에게 분명한 동의를 얻지 못하더라도 폭행 또는 협박만 없다면 강간죄를 피해 갈 여지가 있죠. 성관계에 대해서는 상대가 '예/아니오'를 확실히 답할 수 있게 명확히 동의를 구해야 해요. 성폭력을 방지하려면 말이에요.

4장

관계별
경계 존중과
동의 구하기

친구와 형제자매 사이

친구 사이

조남주의 단편 소설 「여자아이는 자라서」[1]에는 상습적으로 여학생들에게 카메라를 들이대며 희롱을 일삼는 남학생들이 나와요. 여학생을 몰래 촬영하는 장난을 일삼지요. 주인공 주하는 이런 행동을 '그냥 장난'으로 넘기지 않고 다른 학생과 힘을 합쳐 적극적으로 대응해요.

요즘에는 디지털 기기를 통한 경계 침범이 많이 발생하고 있어요. 다른 사람의 얼굴이나 신체를 찍을 때도, 찍은 사진을 SNS 등에 게시할 때도 모두 동의를 받아야 해요. 개인 SNS뿐만 아니라 공개된 SNS라든가 단체 채팅방 등에는 타인의 모습이나 개인 정보가 포함된 사진이나 글은 가급적 올리지 않는 게 좋아요. 단체 채팅방에 친구를 초대할 때도 친구의 의사를 물어봐야 해요. 단체 채팅방의 정보와 구성원을 잘 설명하고 친구가 함께할 뜻이 있는지 확인해야 해요. 아무것도 모른 채로 초대받으면 불편하고 부담스러울 수 있어요. 예를 들어, A가 B와 C를 채팅방에 초대했는데 B와 C가 잘 안 맞는다면 어떻게 될까요? B는 C와 대화하기 싫은데, C가 그 사실을 알면 기분이 상할 수 있겠죠.

친구 사이에서는 언어적·정서적 경계나 신체적 경계를 침범하는 일이 자주 벌어져요. 특히 말을 함부로 하는 일이 많지요? "촌스럽게 옷이 그게 뭐냐?" 같은 식으로 말예요. 친구가 싫어하는 별명으로 부르는 것도 정서적 폭력이에요. 친할수록 더 예의를 지켜야 해요. 또한 '생일빵'이나 '신발빵'을 떠올려 보세요. 생일이라고, 신발을 샀다고 때리고 밟는 걸 장난이라고 할 수 있을까요? 일부 학생들은 뒤에서 어깨나 머리를 치면서, 또는 옆구리를 찌르면서 친구를 불러요. 심한 경우에는 똥침을 놓거나 짓궂은 장난도 서슴지 않아요. 매우 나쁜 태도예요. 팔짱을 끼거나 어깨를 걸칠 때도 동의를 구해야 해요. 상대의 몸은 국가도 함부로 할 수 없는 영역이에요. 반드시 유

념해야 합니다.

선의로 하는 행동 역시 마찬가지예요. 도움을 줄 때도 동의를 구해야 해요. 친구가 원하지 않을 수도 있으니까요. 예를 들어 친구가 팔을 다쳐서 가방을 들어 주고 싶다고 해도 먼저 그래도 되는지 물어야 해요. 가방은 친구의 물건이고 내가 함부로 만져서는 안 되니까요. 옷에 묻은 것을 떼어 줄 때도 먼저 물어보세요. 아니면 뭐가 묻었다고 얘기해 줘도 좋고요.

형제자매 사이

형제자매 사이에는 공간이나 물건을 두고 충돌이 벌어지기 쉽죠. 이러한 충돌은 대체로 사춘기 무렵까지 쭉 이어져요. 특히 물건과 관련해서 갈등이 잦아지죠. 형제자매끼리 서로의 옷을 입는 경우에는 반드시 동의를 구해야 해요. 사적 소유(물건)를 존중해야 해요. 사적 공간의 존중도 중요한데요. 노크는 기본이고요, 더 나아가 내 공간에서 벌어지는 일이 다른 이의 공간에 미치는 영향도 생각해야 해요. 컴퓨터 게임, 음악 감상, 영화나 유튜브 시청 시 나는 소리 등이 내 공간을 벗어나 다른 이의 공간을 침범할 수 있겠죠. 다른 이의 물건에 함부로 손대지 않고 서로의 공간에 침범하지 않는 자세가 필요해요.

또 나이가 어릴수록 몸으로 하는 장난으로 경계 침범이 자주 발생해요. 예컨대 오빠가 여동생의 땋은 머리를 잡아당기고 도망가자 여동생이 울고불고 난리가 나요. 경계를 침범할 우려가 있는 장난은 치기 전에 상대에게 먼저 물어봐야 해요. 장난은 한순간 기분으로 하는 건데, 어느 세월에 상대에게 묻고 있느냐고요? 그러면 재미가 없다고요? 경계 존중과 동의 구하기 관점에서 보자면 지금까지 아무렇지 않게 했던 장난도 쉽게 하기 어려워져요. 과거 관습으로 보자면 낯설고 번거롭겠지만, 그렇게 하는 게 맞아요.

미리 동의를 구할 수 없는 상황이라면 어떻게 해야 할까요? 당연히 하지 않아야겠죠. 장난과 폭력의 차이가 뭘까요? 서로가 즐거울 때만 장난이에요. 한 사람이라도 불쾌하거나 기분이 나쁘다면 폭력인 거예요. 이는 형제자매 사이뿐만 아니라 친구 사이에도 적용되는 얘기예요.

형제자매 사이에서는 나이를 떠나 서로를 존중해야 해요. 존중은 말에서부터 시작할 수 있어요. 어디에 갈지, 무얼 먹을지, 어떻게 놀지 등을 정할 때 독단적으로 결정하지 않도록 주의해야 해요. '하자'의 청유형 표현이 잘못된 건 아니지만, 말투나 태도, 상황 등에 따라서 반쯤 결정이 내려진 상태에서 제안하는 걸로 비칠 수도 있어요. 상대가 그렇게 받아들인다면 온전한 동의 구하기라고 보기 어렵겠죠. 온전한 동의 구하기는 완벽히 제로에서 시작해야 해요. 아직 아무것도 결정되지 않은 상태에서 말이에요. '하자'보다는 되도록 '할래?' '할까?' '해도 돼?' 같은 표현을 쓰면 좋아요.

가까울수록 서로 존중

미국 심리학자 매슬로는 인간의 욕구를 5단계로 나누어 설명했어요. 생리적 욕구, 안전의 욕구, 소속과 애정의 욕구 다음 네 번째 단계로 존중의 욕구를 꼽았어요. 다섯 번째 단계는 자아실현의 욕구이고요. 이처럼 존중은 인간이 태어나 자아실현에 이르는 과정에서 매우 중요한 단계에 위치해 있습니다. 경계 존중은 타인을 존중하는 첫걸음이에요. 다른 사람과 적당한 거리를 유지하는 것은 서로 행복하게 지낼 수 있도록 최소한의 안전장치를 두는 거예요. 나를 보호하고 상대를 존중하기 위해서요.

캐나다 사회에서는 'hands-off policy(손대지 않기 정책)'를 강조하며 다른 사람을 살짝 미는 행위 정도도 결코 용납하지 않아요. 'hands-off policy'는 한마디로 허락이나 동의 없이 다른 사람의 신체나 소유물에 손대지 말라는 거예요. 개인의 권리를 존중하여 나와 남의 경계를 확실히 하는 문화가 자리 잡고 있는 거예요.[2] 자기 경계를 침범당해서 불쾌하다면 자기 감정을 차분하고 솔직히 말할 수 있어야 해요. 당당히 '아니오'라고 말하고, 다른 사람의 '아니오'도 존중해야 해요.

연인
사이

벽 키스가 로맨스?

클리셰(cliché)란 어떤 작품의 소재나 내용이 너무 낡아서 뻔하고 식상할 때 쓰는 말이에요. 소설, 영화, 노래 등에서 흔히 쓰이는 소재나 이야기 흐름 등이 클리셰예요. 한국 드라마에도 클리셰가 등장하는데, 그중에서도 남녀 관계에서 경계를 침범하는 클리셰는 유독 눈살을 찌푸리게 해요. 예를 들면 벽 키스, 기습 포옹 등은 상대방의 동의 없이 신체를 접촉하는 성추행이고, 강제로 팔 잡아끌기, 벽에 밀치기 등은 상대방의 신체 자유를 억압하는 폭력이에요. 옷차림 단속, 무턱대고 찾아가기, 길에 버리고 가기, 동의 없이 사귀는 사이 공개 등도 상대방의 의사를 무시하는 행동이에요.

이런 클리셰는 시청자들에게 잘 먹히기 때문에 계속되고 있어요. 앞서 스토킹에 관해 설명할 때 한국여성민우회가 2018년 지상파·종편·케이블 등에서 방영한 드라마 120개를 분석했었다고 한 것 기억하나요? 그 자료에 따르면, 강제적 신체 접촉이 425건이나 발견되었다고 해요. 옷이나 행동 통제는 104건이나 됐고요.[3]

데이트 폭력의 가해자가 꼭 남성인 건 아니지만, 남성이 여성보다 훨씬 많아요. 이런 문제를 일으키는 남성은 두 가지 특성을 지녀요. 첫째, 폭력으로 문제를 해결하려 든다는 점이에요. 물리적이든 정서적이든 데이트 폭력의 밑바탕에는 '상대를 소유물처럼 마음대로 할 수 있다'는 생각이 깔려 있어요.

둘째, '맨박스(Man Box)'에 갇혀 있다는 점이에요. 맨박스는 남자다운 행동을 강요하는 사회적 기대와 관습을 말해요. 상자 안에 갇히듯 '남자다움'이라는 고정 관념에 갇힌 거예요.[4] 맨박스는 남성에게 가해지는 억압이자 스스로 남자다워야 한다는 강박이기도 해요. 보통 남자다운 남자를 '상남자'라고 부르죠. 상남자라는 멍에를 기꺼이 스스로에게 씌우는 남자들이 있어요. 보이지 않는 상자를 뒤집어쓴 채 살아가는 거예요.

사랑한다면 제대로 물어보세요

영화 〈프라미싱 영 우먼〉(2020)에서는 술에 취해 인사불성이 된 여성의 몸을 더듬는 남성들이 등장해요. 그들은 하나같이 어떤 동의도 구하지 않고 여성의 몸을 만지죠. 그 순간 주인공 카산드라는 남자들을 향해 술이 다 깬 멀쩡한 얼굴로 "What are you doing?(지금 무슨 짓이야?)"이라고 또박또박 말해요. 남자들은 멀쩡한 카산드라를 보자 기겁하며 물러서죠.

스킨십 같은 성적 행동에서 상호 간 동의는 필수예요. 동의를 구하는 방식에 대해 두 사람이 미리 합의하면 좋아요. 언어적 형태든 아니든 말이에요. 그래야 불확실한 동의에 대한 오해를 줄일 수 있어요. 연인 사이에는 애정 표현과 투정, 조르거나 삐지는 일, 분명하지 않은 동의와 거절 등 여러 층위의 의사 표현이 경계를 오가요. 그 과정에서 의사소통의 왜곡이 종종 발생하죠.

하지만 스킨십은 왜곡 없는 의사소통이 가능한 경우에 이뤄져야 해요. 수십 년째 성교육을 하는 한 미국 교사는 "섹스는 상대방과의 대화를 포함하는 행위고, 매 단계마다 상대와 대화해야 한다는 점을 분명하게 가르치려고 합니다"[5]라고 말한 바 있어요. 자신의 의사를 솔직하게 표현할 수 있도록 서로 배려하고 존중해야 해요.

"사람들은 자신의 머리와 마음속에서 무슨 일이 일어나고 있는지를 자신이 입 밖에 내기도 전에 배우자가 알고 있으리라 생각한다." 『존중하는 습관』이라는 책에 나오는 문장이에요. '배우자' 대신 '연인'을 넣어도 뜻이 통하죠. 연인 사이에서도 상대에게 말하지 않아도 상대가 알 거라는 오해를 많이 해요. '말하지 않아도 알 것이다' '상대도 내심 원할 것이다' 같은 생각은 평등하고 상호적인 연인 관계를 형성하는 데 방해가 됩니다.

앞서 살펴봤던 성적 자기 결정권 기억하나요? 자기 의지나 판단에 따라 자유롭고 책임감 있게 성적 행위를 결정할 권리라고 했죠. 그런데 이러한 권리는 상대방의 성적 권리와 충돌할 수 있어요. 그렇기에 성적 권리는 내가 원하는 사람과 함께, 나와 상대방이 원하는 때에, 나와 상대방이 합의하는 방식으로 성적 교류를 할 권리로 이해해야 맞아요. 당연히 이 모든 조건은 상대방의 자유로운 동의하에 이뤄져야 하고요. 동의는 서로를 존중하는 관계와 소통에서 시작돼요. 사실 이 두 가지 전제가 이루어지지 않는다면 성관계를 할 준비가 안 된 거예요.[6] 스킨십을 하기 전에 동의를 구하면 분위기가 깨지거나 지질해 보일 거라고 생각하나요? 하지만 오히려 상대방은 존중받는다고 느낄 가능성이 높아요.

부모와 자녀 사이

브리짓 존스는 런던의 출판사에서 일하는 서른세 살의 미혼 여성이에요. 명절 때마다 남자를 소개해 주려는 어머니와 애 인 없느냐는 주변 사람의 간섭에 스트레스를 받은 브리짓은 새해부터 달라지기로 결심해요. 칼로리와 흡연량, 주량 등을 기록하는 일기를 쓰면서 생활을 개선하자고 마음먹죠. 영화 〈브리짓 존스의 일기〉(2004)의 내용이에요. 부모는 자식을 걱 정한다는 핑계로 자식의 경계를 자주 침범할 때가 있어요.

자녀가 청소년기에 접어들면 스킨십이 줄어들긴 하지만,

그전까지 많은 부모가 자녀에게 자주 스킨십을 해요. 이때 대부분은 동의를 구하지 않는 편이지요. 아이가 언제 어떤 스킨십을 하길 원하는지, 반대로 언제 어떤 상황에서 불편해하는지 등은 크게 개의치 않는 것 같아요. 아이 역시 마찬가지예요. 느닷없이 와서 뒤에서 끌어안아요. 어렸을 때 엄마 윗옷에 손을 쑥 넣어서 엄마의 가슴을 만진 사람들이 있을 거예요. 그때 엄마에게 동의를 구했나요? 자녀든 부모든 서로에게 동의를 구하는 일에 익숙하지 않아요.

물론 자녀는 부모에게 자주 물어요. "엄마, 게임 해도 돼요?" 집에서 흔한 풍경이에요. 하지만 동의보다는 허락을 구한다고 해야겠죠. 컴퓨터 게임을 해도 되느냐고 묻는 건 경계 침범과 상관없어요. 동의 구하기가 상대의 경계를 침범할 우려가 있을 때 하는 것이라면, 허락받는 일은 대개 경계 침범과 무관해요. 자식이 부모에게 허락을 받는 것처럼 부모 역시 자녀에게 동의를 구해야 하지 않을까요? 부모가 자녀의 의견과 경계를 존중할수록 자녀의 자존감이 높아져요. 이렇게 서로 존중하는 것이 건강한 부모 자녀 관계를 만드는 비결입니다.

예쁘면 만져도 될까요?

가정에서 동의를 구하는 일은 낯설어요. 하지만 부모와 자녀 모두 서로에 대한 '동의 구하기'를 생활화해야 해요. 앞서 어릴 때부터의 동의 교육이 중요한 이유를 설명했었지요? 부모님이 자녀에게 동의를 구할 즈음에는 자녀 역시 부모님에게 동의를 구하는 연습을 시켜야 해요. 예를 들어 엄마 젖가슴에 손을 갖다 대는 아이는 어떻게 해야 할까요? "엄마 몸은 엄마 거야. 만지려면 엄마한테 먼저 '엄마, 만져도 돼요?'라고 물어봐야 해"라고 가르치고 만지게 하는 거예요.

이때 부모는 거절하고 싶을 때 '거절의 의사'를 분명히 할 필요가 있어요. "1분 동안만 만지자" "지금은 엄마가 바쁘니까 10분 있다가 만지자"처럼요. 아이를 거부하는 게 아니라 엄마 몸의 주인이 엄마라는 사실을 알려 주는 거예요. 자기 몸의 주인은 바로 자기 자신이라는 점을 말이에요. 타인이 내 몸을 만지려고 할 때 내 동의를 받아야 하듯이, 나 역시 타인의 몸을 만지려고 할 때 동의를 구해야 해요. 당연히 같은 원리에 따라 아이 역시 부모의 손길을 거부할 수 있다는 걸 일러 주면 돼요. 이런 방식으로 자기 결정권을 가르칠 수 있어요.

또한 타인이 자녀에게 동의를 구하도록 부모님이 잘 조율하는 것도 중요해요. 다른 어른이 예쁘다며 아이 볼이나 얼굴을 쓰다듬어요. 아이가 무서워서 부모님 뒤에 숨거나 울면 부모님은 오히려 아이를 타이르기 바쁘죠. "괜찮아. 네가 예뻐서 그러시는 거야." 그런데 아이는 누구나 만질 수 있는 대상인가요? 어른에게는 예쁘다면서 아무나 만지지 않는데, 아이에게는 어째서 그래도 될까요? 어른의 몸이 소중하듯이 아이의 몸도 소중해요. 몸이 소중하다는 건 나이와 상관없어요.

"네가 예뻐서 그러시는 거야"라고 하면 아이의 감정과 판단을 무시하게 될 수도 있어요. 아이가 스킨십을 억지로 받아들이게 하는 건 아이에게 상처를 주는 일이에요. 또한 자칫 아이에게 잘못된 신호를 줄 수 있어요. 나중에 다른 아이를 함부로 만질지 몰라요. 예쁘면 그래도 된다고 생각할 테니까요. 부모님은 아이에게 "괜찮아. 해치려고 그러시는 거 아니야. 네가 예뻐서 그러시는 건데, 그래도 네 몸을 만지기 전에 먼저 동의를 받으시라고 말씀드려 볼까?"라고 말해야 해요.

조금 다른 상황이지만 이런 경우도 있어요. 유치원이나 어린이집에서는 아직 경계에 대한 이해가 부족한 아이들이 치마를 들어 올리거나 머리를 잡아당기는 등의 장난을 하기도 합니다. 그런 상황에서 일부 부모님은 "걔가 널 좋아해서 그래"라고 말해요. 괴롭힘을 막아 주고 아이를 보호하는 대신 "네가 예뻐서 그러는 거야"처럼 괴롭힘을 호감의 표현이라고

억지로 주입하는 거예요.

이런 말이 얼마나 위험천만한지 보여 주는 오스트레일리아의 공익 광고가 있어요. 한 소년이 문을 쾅 닫아요. 놀란 소녀가 넘어집니다. 그런데 소녀의 엄마는 소년을 야단치는 대신 이렇게 말해요. "괜찮아, 쟤가 널 좋아하나 보다." 어릴 적 폭력 행동에 대해 아무런 제재도 받지 않았던 소년은 결국 여성에게 폭력을 휘두르는 남자로 성장해요.[7]

신체 접촉으로 아이에게 친밀감을 표현하고 싶은데 말로 동의를 구하는 게 어색하다면 다른 방식으로 의사를 표현할 수 있어요. 악수라든가 하이 파이브 같은 것이죠. 둘은 일방적인 신체 접촉이 아니에요. 잠깐이나마 손을 내민 뒤 멈춤 구간이 있으니까요. 이 순간이 일종의 동의 구하기인 거예요. 상대가 동의하면 악수나 하이 파이브에 응할 것이고 그렇지 않으면 응하지 않겠죠.

거리와 독립

부모는 자녀를 존중한다고 하지만, 중요한 것은 자녀가 어떻게 느끼느냐예요. 자녀가 존중받는다는 느낌을 받을 수 있도록 해야 해요. 부모가 자녀에게 동의를 구하는 경우에 자녀가 거절하는 경우가 있을 거예요. 많은 부모가 자녀로부터 거절당하면 당황하고 불쾌해해요. 하지만 자녀의 거절은 불행할 일도 슬퍼할 일도 아니에요. 정신 의학자 엘리자베스 퀴블러 로스는 『인생 수업』에서 아이들이 적절한 시기에 '아니오'라고 말하는 법을 배우는 건 멋진 일이라고 말해요. 너무 늦기 전에 '아니오'라고 큰 소리로, 분명하게 말하는 법을 배워야 한다고요.[8]

> 독립이란 성인이 된 자녀가 부모를 떠나 자기 힘으로 살아가는 것이라고 생각했다. 그러나 하나의 말처럼, 어쩌면 부모 역시 자녀로부터 독립할 필요가 있는 건지도 몰랐다. 자녀가 오롯이 자신의 모습으로 살아가는 걸 부모에 대한 배신이 아닌 기쁨으로 여기는 것, 자녀로부터 진정한 부모 독립 말이다.[9]

이희영의 소설 『페인트』의 일부예요. 부모는 자식의 보호자로서 자식에게 거리를 두기가 어려워요. 때로는 자식의 일거수일투족을 감시하며 집착하기도 하죠. 하지만 친밀한 관계라도 적당한 거리가 필요해요. 친밀한 관계일 뿐이지, 부모가 자식의 삶을 대신 살아 줄 수는 없기 때문입니다. 부모가 자식에게 적당한 거리를 둬야, 자식은 제 삶을 스스로 살아갈 수 있어요.[10] 적당한 거리는 서로에 대한 무관심이 아니라 인정이에요. 거리가 얼마나 중요하고 필요한지를 우리는 간과할 때가 많아요. 거리를 둔다는 것은 "엄청난 마법이며 동시에 훌륭한 해결책"[11]이에요. 성년이 되어 자녀가 독립된 인간으로 서듯, 부모도 자식으로부터 독립해야 해요.

교사(학교)와 학생 사이

스쿨 미투

2018년 4월, 서울 용화여고 학생들이 교사로부터 당한 성폭력과 성희롱을 폭로했어요. 이를 계기로 전국의 많은 학생들이 자신의 경험을 털어놓기 시작했죠. 무려 70여 개 학교에서 연대 움직임이 일어났어요. 이러한 운동은 학교 내 성폭력을 고발하고 함께 행동하는 미투 운동의 일환이었어요. 이를 '스쿨 미투'라고 불러요.

학생들이 경험한 성폭력은 여러 종류였어요. 교사로부터 불쾌한 말을 들었고, 불필요한 신체 접촉을 당했어요. 성추행과 성적인 모욕감을 주는 성희롱 등은 물론이고 성차별적 발언, 여성이나 성 소수자에 대한 혐오 발언도 많았어요. 예를 들어 "예쁜 여자는 공부 못해도 시집만 잘 가면 돼" 같은 말이요. 이는 여자를 남자의 부수적 존재로 여기면서 여자의 독립적인 능력과 가능성을 폄하하는 성차별적 표현이에요.

학생들은 신고 후 당할 불이익이 두려워 피해 사실을 말하지 못했어요. 학생은 두발, 복장 규제 등 학교가 일방적으로 정한 교칙을 지켜야 학교에서 마찰 없이 생활할 수 있어요. 안 그러면 벌점이나 징계 등 불이익을 받으니까요. 게다가 교사는 추천서, 생활 기록부 등 학생의 미래를 좌우할 힘을 갖고 있고요. 이처럼 압도적이고 수직적인 위계 관계 속에서 학생이 교사의 부당한 행위를 알릴 수 있을까요?

교육자의 책임을 저버린 가해 교사는 '교사'라고 불릴 자격이 없습니다. 가해자의 처벌과 징계는 중요하지만, 그걸로 모든 게 끝나는 건 아니에요. 파렴치한 개인의 일탈 행위가 아니거든요. 학생들이 고발한 건 '일부' 교사가 아니에요. 학교 안에서 일상적으로 벌어지는 폭력적·성차별적 문화가 사라지지 않는다면 스쿨 미투는 계속될 거예요.

스쿨 미투 배경에는 이러한 문화 외에도 경계를 존중하지 않는 자세가 자리 잡고 있어요. 교사가 학생의 경계를 존중하는 문화가 있었다면 애초에 그런 일은 벌어지지 않았을 거예요. 심심치 않게 보도되는 어린이집 아동 학대도 마찬가지예요. 교사의 자질이나 열악한 노동 조건 등도 고려해 봐야겠지만, 궁극적으로는 타인의 경계, 특히 약자의 경계를 존중하지 않는 태도가 문제예요.

학생도 인권이 있을까?

초등학교 교실에서 교사가 다음 시간까지 아버지 직업에 관해서 알아 오라고 말해요. 그때 한 학생이 "오사코는 아버지가 안 계십니다"라고 알려 줘요. 아버지가 안 계시느냐는 교사의 물음에 오사코는 "계시는데 지금은 사정이 있어 따로 살아요"라고 대답해요. 교사가 다시 "아버지 안 계시는 학생 손 들어 봐!"라고 하자 한 여학생은 친구에게 귓속말로 "사생활 침해야"라고 속삭여요. 고레에다 히로카즈 감독의 〈진짜로 일어날지도 몰라 기적〉(2011)에 나오는 내용이에요.

우리나라에서도 수년 전까지 일부 학교에서 가정 환경 조사를 한답시고 학부모의 직업이나 수입 등을 물었어요. 가정 환경 조사라는 미명 아래 지극히 사적인 영역을 침범한 거예요. 학교에서 경계 침범은 종종 일어나요. 일기 검사, 소지품 검사 등이 대표적이에요. 일기 검사에 교육적 목적이 있겠지만, 일기는 굉장히 사적인 기록이잖아요? 학생이라는 이유로 개인 소지품을 검사받는 일도 폭력에 가깝지요.

물론 일부 시도 교육청에서는 학생인권조례를 통해 일기 검사, 소지품 검사에 대한 엄격한 기준을 제시해요. 서울시 학생인권조례는 "학생은 소지품과 사적 기록물, 사적 공간, 사적 관계 등 사생활의 자유와 비밀이 침해되거나 감시받지 않을 권리를 가진다"(제13조 1항)라고 규정해요. 또한 "교직원은 학생의 동의 없이 일기장이나 개인 수첩 등 학생의 사적인 기록물을 열람하지 않는 것을 원칙으로 한다"(제13조 3항)라고 덧붙입니다.

문제는 이러한 규정이 모든 학교에서 적용되는 것은 아니라는 점이에요. 여전히 학생인권조례가 없는 시도 교육청도 있거든요. 또 다른 문제는 '동의'라는 조건을 달고 있어서 언제든지 사적 기록물을 열람할 수 있다는 점이에요. 막상 선생님이 교육적 목적에서 필요하다고 말하고 학생에게 "동의해 줄 거지?"라고 묻는다면 학생은 어쩔 수 없이 응할 수밖에 없을 테니까요.

이런 문제는 학교에서 반복돼요. 학년 초에 학교 규칙에 대한 동의서 또는 확인서를 제출받아요. 그런데 사실 요식 행위에 가깝지요. 학생들은 규칙에 대해 자세히 알지 못하는 상태에서 동의서를 제출해요. 학교 규칙을 개정할 때에도 학생·교원·학부모 등의 대표로 구성된 위원회가 참여하고 학생 동의를 받기도 하지만 이미 학교에서 정한 대로 변경될 가능성이 높아요. 교칙 변경 시에는 학생이 분명히 의견을 제시할 수 있고 제시한 의견에 따라 내용을 바꿀 수 있어야 해요. 그래야만 동의 절차가 실질적 의미를 띨 수 있어요.

침묵을 강요하는 학교

학생이 교사의 동의나 허락을 구하는 건 필수지만, 교사가 학생의 동의를 구하는 건 선택이에요. 교실 게시판을 보죠. 게시판은 학생이 손댈 수 없는 금지 구역이에요. 담임 선생님의 허락이나 동의를 구하지 않고 게시물을 자유롭게 걸기 어렵거든요. 설사 학생들의 흔적이 담긴 게시물이 걸리더라도, 대부분 선생님이 고른 거잖아요. 게시판은 학생들이 자발적으로 참여해 꾸밀 수 있는 주체적 공간이 아니에요. 학교에는 학생이 자신의 의견을 표명할 공식적인 공간이 필요한데, 지금은 그런 공간이 없어요.

2017년, 강원도의 한 중학교에서 벌어진 일이에요. 학교 측이 절차를 건너뛰고 학생 참여를 배제한 채 두발 규정을 바꾸자 학생회장이 게시문으로 문제를 제기했어요. 학교는 게시문을 떼도록 했고, 게시를 원하면 학생자치회 담당 교사에게 허가를 받으라고 했지요. 그래서 정식으로 허가를 요청하자 학교는 준법성 약화, 생활 규정에 대한 불신 등 비교육적 영향이 우려된다며 게시를 불허했어요.

이에 반발한 학생이 게시문을 다시 붙였고 학교 측은 강제로 떼어 버렸어요. 결국 학생은 국가인권위원회에 진정서를 제출했습니다. 인권위는 2018년, 학교의 조치가 표현의 자유를 침해했다며 학생 손을 들어줬고요. 인권위는 "학생이 학교 안에 게시물을 게시하는 것은 표현의 자유의 행사에 해당하고, 게시물의 게시에 대한 학교의 불허는 학생의 기본권에 대한 제한에 해당"[12]한다고 지적했어요. 많은 학교에서 게시문으로 의견을 표명하기 어려워요. 먼저 학교의 허락을 받아야 하는데, 이 사례처럼 쉽사리 허락이 떨어지지 않거든요.

학교에서의 '동의 구하기'는 일방적이에요. 우리는 아주 어릴 때부터 부모님, 웃어른, 선생님과 같은 사람의 권위에 복종하도록 학습받아요. 흔히 효(孝)나 예절의 이름으로 말이에요. 당연한 삶의 원리이자 인간의 도리라고 배우지요. 반면에 사회적으로 높은 지위에 있는 사람은 낮은 지위에 있는 사람에게 예의를 지키지 않아요. 아이가 어른에게, 학생이 선생님에게 반말을 하면 안 되지만 그 반대 관계에선 예사로 반말을 하잖아요. 예절은 아래에서 위로 흐를 뿐, 위에서 아래로 흐르지 않는 거예요. 그렇게 본다면 예절은 평등하지도 공평하지도 않아요. 우리 사회에서 개인 간의 평등한 교제를 뒷받침하는 시민적 예절과 교양은 낯설고 드물어요. 이는 학교도 마찬가지일 테고요.

교사와 학생은 어른 대 아이, 윗사람 대 아랫사람이 아니라 시민 대 시민, 사람 대 사람으로 만나야 해요. 선생(先生)은 말 그대로 먼저 태어났다는 뜻이에요. 먼저 나서 먼저 배운 사람이 선생이에요. 사람 간에는 위아래가 아니라 앞뒤가 있을 뿐이에요. 민주주의 사회에서 모든 시민은 평등한 관계에 있어요. 대통령이라고 해서 국민보다 위에 있지 않아요. 국민과 같은 높이에 있으며, 다만 대통령의 권한과 책임이 클 뿐이에요. 학교에서 절실히 필요한 것은 상하 복종이 아니라 상호 존중 아닐까요?

친족과 이웃 사이

친척들의 오지랖

영화 〈엑시트〉(2019)의 남자 주인공 용남은 수년째 취업의 꿈을 이루지 못해 누나와 엄마에게 구박당해요. 엄마의 회갑 잔치에서 만난 친척들은 하나같이 "(직장) 어디 다니냐"라고 물어요. 우리 현실이 그렇죠. 명절에 만난 친척들은 사생활을 캐묻기 바쁘죠. "공부 잘해?" "취업 안 해?" "애인 없어?" "결혼 안 해?" "애는 안 낳아?" "살쪘네?" 등 끝이 없어요. 아무리 친척이라도 "왜 이렇게 살쪘어? 좀 꾸미고 다녀라"라고 말하는 건 엄연히 경계 침범이에요. 좋게 해석하면 '인간적 관심'이라고 할 수 있겠죠. 그러나 상대방은 관심이 아니라 사생활 간섭으로 느낄 수 있어요. 나쁜 뜻이 없더라도 상대방을 곤란하게 만드는 무례한 질문은 조심해야 해요.

'오지랖이 넓다'라는 말이 있지요. 남의 일에 쓸데없이 지나치게 참견할 때 써요. 심지어 '오지라퍼'라는 신조어까지 생겨났죠. 남의 사생활엔 웬만하면 간섭하지 말아야 해요. 그건 친척 어른도 예외일 수 없어요. 서로에게 관심을 갖고 기꺼이 도움을 주는 것은 좋지만, 경계선을 지키고 서로를 배려하고 존중하는 자세가 필요해요.

"요즘 무슨 일 있어? 혹시 불편하지 않으면 얘기해 줄 수 있어?"라고 조심스럽게 물어야 해요. 일방적인 참견이 아니라 진심을 담아서요. 그러려면 두 가지가 필요해요. 첫째는 배려하고 조심하는 자세고요, 둘째는 내 것을 내주는 자세예요. "도움이 필요하면 언제든 얘기해"는 내가 기꺼이 당신을 돕겠다는 말이에요. 당신을 위해 마음과 힘을 쓰겠다는 거죠. 그런 관심과 애정이 있다면 상대도 진심을 느낄 수 있어요.

낯선 타인의 경계 침범

2019년에 인기 명절 예능 프로그램인 〈아이돌스타 육상 선수

권대회〉 촬영 중에 남성 스태프가 여성 아이돌 멤버의 머리카락을 잡아당기는 장면이 포착돼 비판을 받았어요. 스태프는 해당 연예인이 자기가 부르는 소리를 듣지 못해 머리카락을 잡아당겼다고 말했어요. 누군가를 부르려고 그 사람의 몸에 거칠게 접촉하는 행동은 타인에 대한 존중이 부족한 결과예요. 다르게 말하면 타인의 경계를 침범하지 않으려는 자세가 부족한 거예요.

공공장소에서 타인의 경계를 침범하지 않도록 주의해야 해요. 공공장소는 사적 공간이 아니에요. 공간(지하철에서 두 자리를 차지하여 앉는 행위, 다리를 쫙 벌리고 앉는 자세), 신체(지나가는 아이를 쓰다듬는 행위, 걸어 다니면서 흡연하는 행위), 시선(타인을 빤히 쳐다보는 행위, 타인의 휴대폰을 훔쳐보는 행위), 소리(공공장소에서 큰 소리로 하는 휴대폰 통화, 학교나 강의실 옆의 공사소음), 소유물(타인의 반려동물 등을 함부로 만지거나 먹이를 주는 행위) 등 다양한 영역에서 주의를 기울여야 해요.

또한 요즘 길거리에서 반려동물과 함께 산책하는 사람들을 많이 볼 수 있지요. 반려인이 지켜야 할 기본예절을 '펫티켓(pettiquette)'이라고 해요. 반려견을 데리고 다닐 때 목줄을 채운다든지 배변 봉투를 소지하고서 배변 시 깔끔하게 치운다든지 하는 거죠. 승강기에 타인이 동승할 때 반려동물을 안거나 벽 쪽으로 몰아 다리로 막아서야 하고요. 그런데 반려인 말고 일반인에게도 요구되는 펫티켓이 있어요. 반려동물을 자극하는 과잉 행동을 조심해야 해요. 큰 소리를 내면서 다가가면 동물도 위협을 느끼니까요. 또한 가장 중요한 것은 동의를 구하는 일입니다. 동물을 만지거나 먹이를 주고 싶을 때는 반려인의 동의를 구해야 해요.

참고로, 공공장소는 아니지만 아파트 생활 예절도 빼놓을 수 없어요. 아파트를 '공동 주택'이라고 부르지요. 내 집은 나만의 공간이지만, 집의 바닥은 아랫집의 천장이에요. 또 위아래 집과 이웃한 집은 벽을 공유하고 있어요. 당연히 내 집에서 발생하는 소음이 다른 집까지 영향을 미친다면 경계 침범이라고 할 수 있죠. 소리, 담배 연기 등으로 다른 집에 피해를 주지 않도록 주의해야 해요. 복도나 계단 같은 곳에 물건을 쌓아 놓지 말아야 하고요. 이곳들은 말 그대로 공용 공간, 즉 공동 소유니까요.

어린이에게도 동의를

앞에서 이미 지적했지만, 아이의 몸을 함부로 만져선 안 돼요. 예전에는 남자아이를 보고 "어디, 고추 좀 보자"라고 하며 느닷없이 아이의 성기를 만지는 경우도 있었어요. 그래도 요즘에는 생판 모르는 어른들은 조심하는 편이지만, 친척 사이는 예외죠. 아이의 의사를 묻지 않고 손이 먼저 나가기도 해요. 귀여워서 만지고 싶더라도, 쓰다듬기 대신 말로 표현할 수도 있고 선물이나 용돈을 줄 수도 있겠죠.

우리에겐 어린아이에게 스킨십을 강요하는 문화가 있어요. 할머니 할아버지를 만나면 뽀뽀하고 안아 드려야 하죠. 조부모님이 적극적으로 요구하거나 부모님이 아이에게 시켜요. 손주를 귀여워하는 마음의 표현이지만, 아이 입장에서는 불편할 수 있어요. 부모와 친분이 있다고 아이 역시 그 사람에게 꼭 친근감을 느끼리라는 법은 없으니까요. 아이에게는 낯선 어른일 뿐이에요. 부모님의 부모라고 해도요. 매일 보는 가족끼리도 스킨십 하기 싫을 때가 있는데, 1년에 고작 몇 번 만나는 어른과의 스킨십은 어떻겠어요?

아이가 싫어하는 내색을 보이면 어떻게든 타일러서 억지로 하게 만들기도 해요. 모두가 당연하다는 듯이 그렇게 행동해요. 그러나 이것은 아이의 감정과 판단을 무시하는 행동이에요. 아이에게도 자기 신체에 대한 결정권이 있으니까요. 가장 좋은 방법은 아이 스스로 결정하도록 하는 거예요. "안아 봐도 될까?" 하고 아이의 의사를 물어봐야 해요. 아이가 싫다는 표정을 하면 부모가 나서서 "네가 싫으면 안 해도 돼"라고 분명히 말해 줘야 해요. 평소에 싫다고 했을 때 존중받은 경험이 쌓여야만 어떤 상황에서든 누구라도 거부할 수 있어요. 성적인 상황이든, 나보다 권위 있는 존재든 상관없이 말이에요.

성폭력 생각해 보기
— 친족 성폭력

독일 작가 베아테 테레자 하니케의 소설 『빨간모자 울음을 터뜨리다』는 2007년 독일 올덴부르크 청소년 문학상을 수상한 작품이에요. 친할아버지로부터 성폭력을 당한 열세 살 소녀 말비나의 이야기를 담고 있어요. 소설 전반부에는 말비나가 혼자 사는 할아버지에게 음식을 전해 주러 갔다가 성폭력을 당하는 장면이 나와요. 할아버지는 말비나의 몸을 더듬고 입을 맞춰요. 말비나는 할아버지의 행동이 몸서리치게 싫지만 차마 할아버지를 뿌리치지 못해요. "할아버지가 거칠고 강하게 내 입에 키스했을 때도 난 가만히 있었다. 내 몸이 갑자기

돌이 된 것 같았다."[13]

가족들에게 이 사실을 털어놓지만 아빠는 마치 듣지 못한 것처럼 침묵하고, 언니는 귀에서 이어폰을 빼지 않은 채 "그만 좀 해"라고 소리 질러요. 믿었던 오빠마저 "할아버지가 너를 좋아해서 그런 거지 다른 의도가 있는 건 아니잖아. 우리 식구 중에서 너를 가장 아끼셔"[14]라고 말해요. 가족들의 이런 반응이 결국 피해 사실을 밝히지 못하게 만드는지도 몰라요. 실제로 성폭력 가해자가 가족이거나 친척인 경우에 그렇지 않은 경우보다 피해 사실을 드러내길 꺼린다고 해요. 자신의 폭로로 가족 전체가 불행해질 수 있다는 우려 때문에요.

성폭력이라고 하면 낯선 사람, 정신 이상자, 변태적 성욕 소유자 등을 떠올리지만, 현실은 그렇지 않아요. 성폭력 가해자는 대부분 평범한 사람이거든요. 중요한 것은 가해자와 피해자 사이의 권력관계예요. 앞에서 이미 설명했듯이 남성과 여성, 연장자와 연소자, 상사와 부하 직원, 비장애인과 장애인, 내국인과 이주 노동자 등의 관계에서 성폭력이 자주 벌어져요. 힘의 균형이 같지 않을 때, 즉 어느 한쪽의 힘이 더 셀 때 성폭력은 발생하기 쉬워요.

아동·청소년을 대상으로 한 성범죄의 상당수는 친족 관계에서 일어나요. 「2022년 한국성폭력상담소 상담 통계 및 상담 동향 분석」에 따르면, 2018년에는 5.4%였던 친족 성폭력이 2021년에 14.2%로 증가했어요. 친족에 의한 성폭력이 꾸준히 증가해 온 거예요. 아동 성폭력으로 좁혀 보면 8~13세 어린이는 68.6%가, 7세 이하 유아는 86.9%가 친족에 의한 성폭력이었어요.[15] 지금까지 아동·청소년 대상 성폭력은 많은 경우에 신고되지 않았어요. 아동·청소년이 신체적·정신적으로 미성숙하고 가해자와의 관계나 사회적 압력 등으로 인해 피해 사실을 입증하거나 신고하기 어렵다고 느껴서 은폐돼 왔어요. 그 결과 성폭력을 당한 많은 아동·청소년이 심각한 트라우마뿐만 아니라 우울증, 불안 장애, 자해 등 다양한 심리적 피해를 겪고 있어요.

그러나 우리는 이러한 사실에 애써 눈감거나 모른 척하지요. "'근친강간(가족 내 성폭력)'이라고 써서 원고를 보내면 편집자가 오타인 줄 알고 '근친상간'으로 바꾸어, 나도 모르게 활자화되는 경우를 수없이 겪었다."[16] 여성학자 정희진이 칼럼에서 밝힌 내용이에요. 근친상간과 근친강간은 엄연히 다른 개념이에요. 근친상간은 촌수가 가까운 사이에 맺는 성관계지만, 근친강간은 말 그대로 근친 사이에 벌어진 강간이에요. 그런데 표준국어대사전에는 근친상간만 있고 근친강간은 없습니다.

진실에 눈감는 태도가 오히려 사태를 악화시키는 건 아닐까요? 아는 사람에 의한 강간이 벌어지는 것은, 가해자의 행동을 사회적으로 용인될 만한 것으로 만드는 '폭력에 대한 무지함' 때문이에요.[17] 이런 성폭력은 일회적이지 않고 지속적일 가능성이 높아요. 오랫동안 이어지면 그만큼 상처도 깊어져요. 그러니 빨리 드러나도록 하는 게 중요해요. 주변인에 의한 성폭력을 막고 성폭력이 발생했을 때 신속하게 피해자를 구제하기 위해서는 어떻게 해야 할까요? 가장 기본은 아이가 친하거나 가까운 사람이라도 자기 몸을 함부로 만지는 것에 문제의식을 가지도록 하는 거예요.[18] 가족 안에서도 스킨십을 할 때 동의를 구하도록 하는 자기 결정권 교육이 그래서 필요한 거예요.

주

【 1장 · 경계 존중 】

1   유은실, 『2미터 그리고 48시간』, 낮은산, 2018, 81쪽.

2   에드워드 홀, 최효선 옮김, 『침묵의 언어』, 한길사, 2013, 223쪽.

3   헌법재판소 1990. 9. 10. 선고 89헌마82 전원재판부 결정(헌집2, 306).

4   Anne Katherine, *Where to Draw the Line*, Fireside Books, 2000을
     참고해 내용을 다듬었다.

5   구병모, 『단 하나의 문장』, 문학동네, 2018, 67쪽.

6   구병모, 『네 이웃의 식탁』, 민음사, 2018, 17~18쪽.

7   「왜 알바에게 고백해서 흔내 주려 하나요ㅠㅠ」, 『경향신문』, 2019. 5. 11.

8   이마누엘 칸트, 이충진 옮김, 『법이론』, 이학사, 47쪽.

9   홍세화, 『결: 거칢에 대하여』, 한겨레출판, 2020, 60쪽.

【 2장 · 동의부터 먼저 】

1   인티 차베즈 페레즈, 이세진 옮김, 『일단, 성교육을 합니다』, 문예출판사,
     2000을 참고해 내용을 다듬었다.
2   "'Sharenting': Are you OK with what your parents post?", BBC,
     2017. 2. 7.
3   김지선 외, 「2022년 아동·청소년 대상 성범죄 발생 추세 및 동향 분석」,
     여성가족부, 2022.
4   한국인터넷진흥원, 「2022 개인 정보 보호 및 활용 조사 보고서」,
     개인정보보호위원회, 2023.
5   한국성폭력상담소, 「적극적 합의를 시작할 때」, 한국성폭력상담소, 2022.
6   양동옥, 『사랑에도 동의가 필요해』, 헤이북스, 2020, 5쪽 재인용.
7   최상희, 『B의 세상』, 문학동네, 2019, 85쪽.
8   이훈·정진성, 「직장 내 성희롱 예방 정책의 효과성」, 『한국경찰연구』
     Vol.17 No.3, 한국경찰연구학회, 2018.
9   한국성폭력상담소, 「2022년 한국성폭력상담소 상담 통계 및 상담 동향
     분석」, 한국성폭력상담소, 2023.
10   오은교, 「오염과 친밀성의 경계에서」, 『계간 문학동네』 2020 겨울,
     문학동네, 2020.

【 3장 · 거절을 받아들이는 방법 】

1   「[friday] 욕먹어도 NO」, 『조선일보』, 2018. 6. 1.
2   「수다가 가진 힘」, 『여성신문』, 2012. 10. 12.

3   나카지마 요시미치, 이지수 옮김, 『니체의 인간학』, 다산북스, 2016, 44쪽 재인용.

4   김호, 『나는 이제 싫다고 말하기로 했다』, 위즈덤하우스, 2018, 66쪽 재인용.

5   미겔 데 세르반테스 사아베드라, 안영옥 옮김, 『돈키호테 1』, 열린책들, 2014, 194쪽.

6   팀 페리스, 박선령·정지현 옮김, 『타이탄의 도구들』, 토네이도, 2017, 226쪽 재인용.

7   사사키 아타루, 송태욱 옮김, 『잘라라, 기도하는 그 손을』, 자음과모음, 2012, 18쪽 재인용.

8   이남석 외, 『여자는 야동 보면 안 돼?』, 다른, 2019, 137~150쪽.

9   박상미, 『마음아, 넌 누구니』, 한국경제신문, 2020, 53쪽 재인용.

10 Philip Yancey·Paul Brand, *Fearfully and Wonderfully Made*, Zondervan, 2010, p. 82.

11 한근태, 『재정의』, 클라우드나인, 2022, 46쪽 재인용.

12 김범준, 『모든 관계는 말투에서 시작된다』, 위즈덤하우스, 2017, 43쪽.

13 최승범, 『저는 남자고, 페미니스트입니다』, 생각의힘, 2018, 119쪽.

14 "Sex Ed Lesson: 'Yes Means Yes,' but It's Tricky", *The New York Times*, 2015. 10. 14.

15 「저항 못할 '폭행·협박' 없으면 강간죄가 아니라고?」, 『한겨레』, 2021. 1. 23.

16 홍희정, 「스웨덴, 확실한 동의 없는 성관계를 불법으로 규정하는 법률 제정」, 한국여성정책연구원 홈페이지, 2018. 11. 5.

17 여성연합, 「[3차 의견서] 국제법 및 해외 입법례, 강간죄를 '동의' 여부로 판단」, 한국여성단체연합 홈페이지, 2019. 8. 14.

18 박녹주, 「나의 이력서」, 『한국일보』 연재, 1974. 1. 5.~2. 28.

19 「[살인의 전조 스토킹]① 스토킹 사건 절반, 성폭력·폭행으로 이어진다」,
    『연합뉴스』, 2021. 5. 25.

20 한국여성민우회 미디어운동본부, 「2018 드라마 모니터링 결과 보고서」,
    한국여성민우회 미디어운동본부, 2018.

21 김려령, 『일주일』, 창비, 2019, 69쪽.

22 「인면수심 섬마을 여교사 성폭행범들 10~15년형 확정」, 『서울신문』,
    2018. 4. 10.

23 「피해자 아닌 조두순을 지키는 나라」, 『여성신문』, 2020. 11. 20.

24 캐럴라인 크리아도 페레스, 황가한 옮김, 『보이지 않는 여자들』,
    웅진지식하우스, 2020, 85쪽.

25 리베카 솔닛, 『남자들은 자꾸 나를 가르치려 든다』, 창비, 2015, 191쪽.

26 조국, 『형사법의 성편향』, 박영사, 2004, 77~78쪽.

27 경찰대학 치안정책연구소, 「치안 전망 2023」, 경찰대학 치안정책연구소,
    2023.

28 경기도가족여성연구원, 「경기도 데이트 폭력 실태에 관한 연구」,
    경기도가족여성연구원, 2018.

29 「이별, 목숨 걸어야 할 수 있나요」, 『국민일보』, 2018. 11. 10.

30 한국여성의전화, 「2020년 분노의 게이지: 언론 보도를 통해 본 친밀한
    관계의 남성에 의한 여성 살해」, 한국여성의전화, 2021.

31 김고연주, 『나의 첫 젠더 수업』, 창비, 2017, 76쪽.

32 이미정 외, 「청년층 섹슈얼리티와 친밀한 관계에서의 성폭력 연구」,
    한국여성정책연구원, 2009.

33 한국여성의전화, 「F언니의 두 번째 상담실: 데이트 폭력 대응을 위한
    안내서」, 서울특별시, 2018.

34 이남석 외, 같은 책.

35 김영란, 「욕망과 권력 그리고 성 담론의 상관관계」, 『불교평론』, 2018. 6. 3.

36 김이설, 『우리의 정류장과 필사의 밤』, 작가정신, 2020, 44쪽.

37 스티븐 핑커, 김명남 옮김, 『우리 본성의 선한 천사』, 사이언스북스, 2014, 675~677쪽.

38 "There Is No Such Thing as 'Nonconsensual Sex.' It's Violence.", *The New York Times*, 2016. 11. 21.

【 4장 · 관계별 경계 존중과 동의 구하기 】

1 조남주, 『우리가 쓴 것』, 민음사, 2021.

2 김대군, 「관계적 폭력과 소수자 배려 윤리」, 『윤리교육연구』 No.32, 한국윤리교육학회, 2013.

3 한국여성민우회 미디어운동본부, 「2018 드라마 모니터링 결과 보고서」 한국여성민우회 미디어운동본부, 2018.

4 김양지영·김홍미리, 『처음부터 그런 건 없습니다』, 한권의책, 2017, 26~29쪽.

5 "Sex Ed Lesson: 'Yes Means Yes,' but It's Tricky", *The New York Times*, 2015. 10. 14.

6 인티 차베즈 페레즈, 이세진 옮김, 『일단, 성교육을 합니다』, 문예출판사, 2000.

7 〈Australian Government-Domestic Violence-'Stop It At The Start'-BMF〉, 2016. 4. 21. https://www.youtube.com/watch?v=Y_WcaIkWYuk

8 엘리자베스 퀴블러 로스·데이비드 케슬러, 류시화 옮김, 『인생 수업』, 이레, 2016, 121쪽.

9 이희영, 『페인트』, 창비, 2019, 160쪽.

10 김양지영·김홍미리, 같은 책, 19쪽.

11 소노 아야코, 김욱 옮김, 『약간의 거리를 둔다』, 책읽는고양이, 2016, 103쪽.

12 국가인권위원회, 「교내 게시물 불허로 인한 표현의 자유 침해」, 2018. 1. 31.

13 베아테 테레자 하니케, 유혜자 옮김, 『빨간모자 울음을 터뜨리다』, 대교, 2010, 15쪽.

14 베아테 테레자 하니케, 같은 책, 55쪽.

15 한국성폭력상담소, 「2022년 한국성폭력상담소 상담 통계 및 상담 동향 분석」, 한국성폭력상담소, 2023.

16 「쉬운 글이 불편한 이유」, 『경향신문』, 2013. 2. 14.

17 로빈 월쇼, 한국성폭력상담소 부설연구소 울림 옮김, 『그것은 썸도 데이트도 섹스도 아니다』, 일다, 2015, 273쪽.

18 손경이, 『당황하지 않고 웃으면서 아들 성교육 하는 법』, 다산에듀, 2018, 162쪽.

참고 문헌

Anne Katherine, *Where to Draw the Line*, Fireside Books, 2000.

Paul Brand·Philip Yancey, *Fearfully and Wonderfully Made*, Zondervan, 2010.

감이 편, 20대 국회 토론회 자료집 「성폭력 판단 기준, '폭행과 협박'이 아닌 '동의 여부'로!」, 강간죄 개정을 위한 연대회의, 2019.

경기도가족여성연구원, 「경기도 데이트 폭력 실태에 관한 연구」, 경기도가족여성연구원, 2018.

경찰대학 치안정책연구소, 「치안 전망 2023」, 경찰대학 치안정책연구소, 2023.

구미영, 「성희롱 구제 조치 효과성 실태 조사」, 국가인권위원회, 2019.

구병모, 『네 이웃의 식탁』, 민음사, 2018.

구병모, 『단 하나의 문장』, 문학동네, 2018.

구오 외, 『선녀는 참지 않았다』, 위즈덤하우스, 2019.

국가인권위원회, 「교내 게시물 불허로 인한 표현의 자유 침해」, 2018. 1. 31.

국가인권위원회, 「학교 생활에서의 학생 인권 증진을 위한 정책 개선 권고」,
　　2017. 12. 21.

권김현영, 「피해자 중심주의는 여성주의적 원칙인가」, 『계간 문학동네』 2018
　　가을, 문학동네, 2018.

기시미 이치로·고가 후미타케, 전경아 옮김, 『미움받을 용기 1』, 인플루엔셜,
　　2014.

김고연주, 『나의 첫 젠더 수업』, 창비, 2017.

김고연주 외, 『페미니즘 교실』, 돌베개, 2019.

김대군, 「경계 윤리(Boundary Ethics) 정립을 위한 소고」, 『윤리연구』 Vol.91
　　No.1, 한국윤리학회, 2013.

김대군, 「관계적 폭력과 소수자 배려 윤리」, 『윤리교육연구』 No.32,
　　한국윤리교육학회, 2013.

김대군, 「윤리 교육에서 성희롱 예방 교육」, 『윤리연구』 Vol.102 No.1,
　　한국윤리학회, 2015.

김려령, 『일주일』, 창비, 2019.

김범준, 『모든 관계는 말투에서 시작된다』, 위즈덤하우스, 2017.

김아름솔, 「성폭력 범죄에서 비동의의 개념적 고찰」, 『법학논총』 Vol.44 No.4,
　　단국대학교 법학연구소, 2020.

김양지영·김홍미리, 『처음부터 그런 건 없습니다』, 한권의책, 2017.

김이설, 『우리의 정류장과 필사의 밤』, 작가정신, 2020.

김정연·허황, 「성적 자기 결정권의 합리적 보호를 위한 성폭력 범죄 관련 법제의
　　개선 방향 연구」, 법제사위원회, 2019.

김지경 외, 「2018 청소년 매체 이용과 유해 환경 실태 조사」, 여성가족부, 2018.

김지선 외, 「2022년 아동·청소년 대상 성범죄 발생 추세 및 동향 분석」,
  여성가족부, 2022.

김지연, 『마음에 없는 소리』, 문학동네, 2022.

김현철, 「자기 결정권에 대한 법철학적 고찰」, 『법학논집』 Vol.19 No.4,
  이화여자대학교 법학연구소, 2015.

김호, 『나는 이제 싫다고 말하기로 했다』, 위즈덤하우스, 2018.

김휘원, 「동의의 본질과 구조」, 『법철학연구』 Vol.20 No.3, 한국법철학회, 2017.

김희정·안경옥, 「성적 괴롭힘(성희롱)의 형사처벌 가능성에 대한 비교법적
  검토」, 『비교형사법연구』 Vol.22 No.4, 한국비교형사법학회, 2021.

나카지마 요시미치, 이지수 옮김, 『니체의 인간학』, 다산북스, 2016.

레이첼 브라이언, 노지양 옮김, 『동의: 내 몸의 주인은 나야』, 아울북, 2020.

로버트 치알디니 외, 윤미나 옮김, 『설득의 심리학 2』, 21세기북스, 2015.

로빈 월쇼, 한국성폭력상담소 부설연구소 울림 옮김, 『그것은 썸도 데이트도
  섹스도 아니다』, 일다, 2015.

류부곤, 「강제 추행죄가 성립하기 위한 강제 추행의 요건」, 『형사법연구』 Vol.28
  No.4, 한국형사법학회, 2016.

리베카 솔닛, 김명남 옮김, 『남자들은 자꾸 나를 가르치려 든다』, 창비, 2015.

린다 월부어드 지라드, 권수현 옮김, 『내 몸은 나의 것』, 문학동네, 2007.

마셜 B. 로젠버그, 캐서린 한 옮김, 『비폭력 대화』, 한국NVC센터, 2017.

매기 앤드루스·제니스 로마스, 홍승원 옮김, 『다시 쓰는 여성 세계사』,
  웅진지식하우스, 2020.

멜리사 캉·유미 스타인스, 이정희 옮김, 『동의가 서툰 너에게』, 다산어린이,
  2021.

문요한, 『관계를 읽는 시간』, 더퀘스트, 2018.

미겔 데 세르반테스 사아베드라, 안영옥 옮김,『돈키호테 1』, 열린책들, 2014.

밀레나 포포바, 함현주 옮김,『성적 동의』, 마티, 2020.

박상미,『마음아, 넌 누구니』, 한국경제신문, 2020.

박신영,『제가 왜 참아야 하죠?』, 바틀비, 2018.

박정훈,『친절하게 웃어주면 결혼까지 생각하는 남자들』, 내인생의책, 2019.

박지현,「비동의 강간죄의 입법과 해석을 위한 제언」,『서울법학』Vol.28 No.1,
　　　서울시립대학교 법학연구소, 2020.

백혜정 외,「청소년 성 의식 및 행동 실태와 대처 방안 연구」,
　　　한국청소년정책연구원, 2009.

베아테 테레자 하니케, 유혜자 옮김,『빨간모자 울음을 터뜨리다』, 대교, 2010.

변상태·이희명,「공공 영역에서의 개인 공간 보호를 위한 행동 연구와 디자인
　　　가이드 제안」,『한국디자인문화학회지』Vol.14 No.3, 한국디자인문화학회,
　　　2008.

변신원,『이야기로 풀어가는 성평등 수업』, BMK, 2020.

부너미,『당신의 섹스는 평등한가요?』, 와온, 2020.

사사키 아타루, 송태욱 옮김,『잘라라, 기도하는 그 손을』, 자음과모음, 2012.

서울시특별교육청,「2017 예술 작품 활용 성교육 지도서·워크북」,
　　　서울특별시교육청, 2017.

석복녀,『거절 당할 용기』, 미다스북스, 2019.

소노 아야코, 김욱 옮김,『약간의 거리를 둔다』, 책읽는고양이, 2016.

손경이,『당황하지 않고 웃으면서 아들 성교육 하는 법』, 다산에듀, 2018.

손경이,『아홉 살 성교육 사전: 남자아이 마음』, 다산에듀, 2020.

손경이,『움츠러들지 않고 용기 있게 딸 성교육 하는 법』, 다산에듀, 2018.

송주연,『이 선 넘지 말아 줄래요?』, 한밤의책, 2021.

쇼펜하우어, 홍성광 옮김,『쇼펜하우어의 행복론과 인생론』, 을유문화사, 2013.

스티븐 핑커, 김명남 옮김,『우리 본성의 선한 천사』, 사이언스북스, 2014.

아하!서울시립청소년성문화센터·안치현,『안녕, 나의 사춘기』, 미래엔아이세움, 2020.

양동옥,「성 행동 상황에서 여성의 거절 이유 평가의 성차」,『한국심리학회지 여성』Vol.20 No.2, 한국여성심리학회, 2015.

양동옥,「성 행동 상황에서 여성의 거절 평가에 주변 단서가 미치는 영향」, 『청소년학연구』Vol.23 No.8, 한국청소년학회, 2016.

양동옥,『사랑에도 동의가 필요해』, 헤이북스, 2020.

엄주하,『성 인권으로 한 걸음』, 을유문화사, 2020.

에드워드 홀, 최효선 옮김,『숨겨진 차원』, 한길사, 2002.

에드워드 홀, 최효선 옮김,『침묵의 언어』, 한길사, 2013.

에일린 케네디 무어·크리스틴 맥러플린, 정아영 옮김,『진짜 친구를 만드는 관계의 기술』, 라임, 2017.

엘리자베스 퀴블러 로스·데이비드 케슬러, 류시화 옮김,『인생 수업』, 이레, 2016.

초등성평등연구회 외,「초중고 성평등 교수·학습 지도안 사례집」, 여성가족부, 2019.

오사 게렌발, 강희진 옮김,『7층』, 우리나비, 2014.

오은교,「오염과 친밀성의 경계에서」,『계간 문학동네』2020 겨울, 문학동네, 2020.

옥도진,「비자발적 동의에 의한 성관계는 강간인가?」,『인권과 정의』No.478, 대한변호사협회, 2018.

우옥영 외,『초등학교 함께 하는 보건 5학년』, YBM, 2021.

우옥영 외,『초등학교 함께 하는 보건 6학년』, YBM, 2021.

우주신,「데이트 폭력 관계 단절 경험 연구」, 건양대학교, 2020.

유네스코, 아하!서울시립청소년성문화센터 옮김,「국제 성교육 가이드」, 유네스코, 2018.

유은실,『2미터 그리고 48시간』, 낮은산, 2018.

윤태호·김현경,『오리진 2: 에티켓』, 위즈덤하우스, 2017.

이나영 외,『모두를 위한 성평등 공부』, 프로젝트P, 2020.

이남석 외,『여자는 야동 보면 안 돼?』, 다른, 2019.

이마누엘 칸트, 이충진 옮김,『법이론』, 이학사, 2013.

이미정 외,「청년층 섹슈얼리티와 친밀한 관계에서의 성폭력 연구」, 한국여성정책연구원, 2009.

이석원,『세상 쉬운 우리 아이 성교육』, 라온북, 2020.

이은의,『예민한 게 아니라 당연한 겁니다』, 디플롯, 2022.

이은의 외,『불편할 준비』, 시사in북, 2018.

이현혜,『왜, 먼저 물어보지 않니?』, 천개의바람, 2020.

이현혜,『좋아서 껴안았는데, 왜?』, 천개의바람, 2015.

이화여자대학교 아시아여성학센터,「그래! 이제는 성평등」, 서울특별시, 2018.

이훈·정진성,「직장 내 성희롱 예방 정책의 효과성」,『한국경찰연구』Vol.17 No.3, 한국경찰연구학회, 2018.

이희영,『페인트』, 창비, 2019.

인티 차베즈 페레즈, 이세진 옮김,『일단, 성교육을 합니다』, 문예출판사, 2020.

장 아메리, 안미현 옮김,『죄와 속죄의 저편』, 길, 2012.

재클린 프리드먼·제시카 발렌티 엮음, 송예슬 옮김,『예스 민즈 예스』, 아르테, 2020.

참고 문헌

저스틴 행콕, 김정은 옮김, 『그래서, 동의가 뭐야?』, 픽, 2021.

정희진 외, 『미투의 정치학』, 교양인, 2019.

제니 시몬스, 노지양 옮김, 『싫다고 말하자!』, 토토북, 2022.

제이닌 샌더스, 김경연 옮김, 『내가 안아 줘도 될까?』, 풀빛, 2019.

조국, 『형사법의 성편향』, 박영사, 2004.

조남주, 『우리가 쓴 것』, 민음사, 2021.

조영주 외, 「청소년 성교육 수요 조사 연구: 중학생을 중심으로」,
      한국여성정책연구원, 2018.

최상희, 『B의 세상』, 문학동네, 2019.

최승범, 『저는 남자고, 페미니스트입니다』, 생각의힘, 2018.

최윤경, 「한국과 프랑스 영화에 나타난 연대 찾기 비교 연구: 〈카트〉와 〈내일을
      위한 시간〉을 중심으로」, 『한국프랑스어문교육학회 학술대회자료집』
      Vol.2017 No.10, 한국프랑스어문교육학회, 2017.

치마만다 응고지 아디치에, 김명남 옮김, 『우리는 모두 페미니스트가 되어야
      합니다』, 창비, 2016.

칼릴 지브란, 강은교 옮김, 『예언자』, 문예출판사, 1993.

캐럴라인 크리아도 페레스, 황가한 옮김, 『보이지 않는 여자들』,
      웅진지식하우스, 2020.

토니 포터, 김영진 옮김, 『맨박스』, 한빛비즈, 2019.

토마 마티외, 맹슬기 옮김, 『악어 프로젝트』, 푸른지식, 2016.

통계청, 「데이트 폭력의 현실, 새롭게 읽기」, 『KOSTAT 통계플러스』 가을,
      통계청 통계개발원, 2020.

팀 페리스, 박선령·정지현 옮김, 『타이탄의 도구들』, 토네이도, 2017.

페기 오렌스타인, 구계원 옮김, 『아무도 대답해주지 않은 질문들』, 문학동네,

2017.

플랜트 패런트후드, 우아영 옮김, 『성교육이 끝나면 더 궁금한 성 이야기』, 휴머니스트, 2020.

필 바커, 장영재 옮김, 『남자다움의 사회학』, 소소의책, 2020.

하민경, 「처의 행위 능력 인정과 아내 강간 인정 판결을 통해 본 여성 인권의 변화」, 『법사학연구』 Vol.57, 법사학연구, 2018.

한국성폭력상담소, 「16세 미만의 '동의'」, 한국성폭력상담소, 2020.

한국성폭력상담소, 「2022년 한국성폭력상담소 상담 통계 및 상담 동향 분석」, 한국성폭력상담소, 2023.

한국성폭력상담소, 「적극적 합의를 시작할 때」, 한국성폭력상담소, 2022.

한국성폭력상담소, 「지금 시작하는 젠더 감수성」, 한국성폭력상담소, 2013.

한국여성민우회 미디어운동본부, 「2018 드라마 모니터링 결과 보고서」, 한국여성민우회 미디어운동본부, 2018.

한국여성민우회 성폭력상담소, 「함께 쓰는 성폭력 사전」, 한국여성민우회 성폭력상담소, 2020.

한국여성의전화, 「2020년 분노의 게이지: 언론 보도를 통해 본 친밀한 관계의 남성에 의한 여성 살해」, 한국여성의전화, 2021.

한국여성의전화, 「F언니의 두 번째 상담실: 데이트 폭력 대응을 위한 안내서」, 서울특별시, 2018.

한국인터넷진흥원, 「2022 개인 정보 보호 및 활용 조사 보고서」, 개인정보보호위원회, 2023.

한근태, 『재정의』, 클라우드나인, 2020.

한민경, 「법정에 선 스토킹」, 『원광법학』 Vol.37 No.1, 원광대학교 법학연구소, 2021.

홍세화, 『결: 거칢에 대하여』, 한겨레출판, 2020.

홍영오, 「성인의 데이트 폭력 가해 요인」, 『형사정책연구』 Vol.110,

　　한국형사법무정책연구원, 2017.

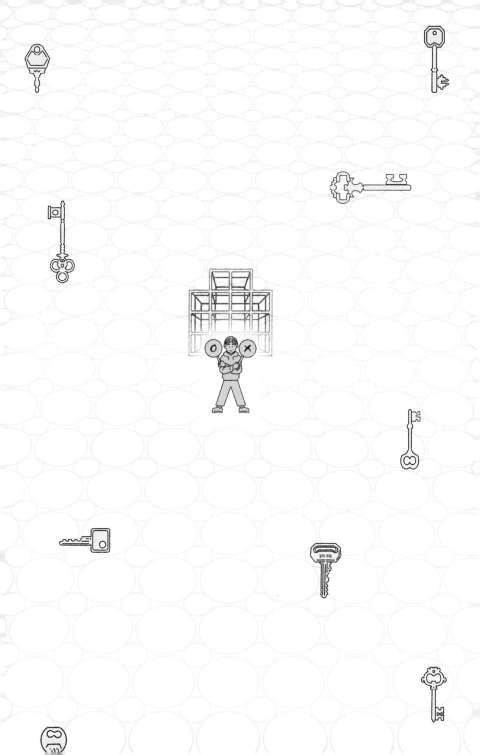

→ 사계절 청소년문학 유튜브 호호책방
『오늘 몇 번의 동의를 구했나요?』편 보기

오늘 몇 번의 동의를 구했나요?

2023년 6월 27일 1판 1쇄
2024년 5월 10일 1판 2쇄

지은이
오승현

편집	디자인	
이진, 이창연, 홍보람	신종식	
제작	마케팅	홍보
박흥기	이병규, 김수진, 강효원	조민희
인쇄	제책	
천일문화사	J&D바인텍	
펴낸이	펴낸곳	등록
강맑실	(주)사계절출판사	제406-2003-034호
주소		전화
(우)10881 경기도 파주시 회동길 252		031)955-8588, 8558

전송
마케팅부 031)955-8595, 편집부 031)955-8596

홈페이지	전자우편	
www.sakyejul.net	skj@sakyejul.com	
블로그	페이스북	트위터
blog.naver.com/skjmail	facebook.com/sakyejul	twitter.com/sakyejul

ⓒ 오승현 2023

ISBN 979-11-6981-144-6 43330